I0567354

BESTACTIVITYBOOKS.COM

PREMIERE ÉDITION

Dépôt légal, 2022

Illustration Graphique Extra: www.freepik.com
Merci à Alekksall, Starline, Pch.vector, Rawpixel.com, Vectorpocket, Dgim-studio, Upklyak, Macrovector, Stockgiu, Pikisuperstar & Freepik.com Designers

5 ASTUCES POUR DÉMARRER !

1) COMMENT RÉSOUDRE LES MOTS MÊLÉS

Les puzzles sont dans un format classique :

- Les mots sont cachés sans espaces, tirets, ...
- Orientation : Les mots peuvent être écrits en avant, en arrière, vers le haut, vers le bas ou en diagonale (ils peuvent être inversés).
- Les mots peuvent se chevaucher ou se croiser.

2) UN APPRENTISSAGE ACTIF

Un espace est prévu à côté de chaque mots pour noter la traduction. Pour favoriser un apprentissage actif un **DICTIONNAIRE** à la fin de cette édition vous permettra de vérifier et étendre vos connaissances. Cherchez et notez les traductions, trouvez-les dans le Puzzle et ajoutez-les à votre vocabulaire !

3) MARQUEZ LES MOTS

Vous pouvez inventer votre propre système de marquage. Peut-être en utilisez-vous déjà un ? Sinon, vous pourriez, par exemple, marquer les mots qui ont été difficiles à trouver d'une croix, ceux que vous avez aimés d'une étoile, les mots nouveaux d'un triangle, les mots rares d'un diamant, etc...

4) STRUCTUREZ VOTRE APPRENTISSAGE

Cette édition vous offre un **CARNET DE NOTES** très pratique à la fin du livre. En vacances ou en voyage ou à la maison, vous pouvez facilement organiser vos nouvelles connaissances sans avoir besoin d'un second bloc-notes !

5) VOUS AVEZ FINI TOUTES LES GRILLES ?

Allez à la section bonus **CHALLENGE FINAL** pour trouver un jeu gratuit à la fin de cette édition !

Simple et Rapide ! Découvrez notre collection de livres d'activités pour votre prochain moment de détente et **d'apprentissage**, à juste un clic de distance !

Trouvez votre prochain défi sur :

BestActivityBooks.com/MonProchainLivre

À vos marques, prêts... Partez !

Saviez-vous qu'il existe environ 7 000 langues différentes dans le monde ? Les mots sont précieux.

Nous aimons les langues et avons travaillé dur pour créer les livres de la plus haute qualité pour vous. Nos ingrédients ?

Une sélection des thématiques d'apprentissage adaptée, trois belles parts de divertissement, puis nous ajoutons une cuillère de mots difficiles et une pincée de mots rares. Nous les servons avec soin et un maximum de plaisir pour vous permettre de résoudre les meilleurs jeux de mots mêlés qui soient et d'apprendre en vous amusant !

Votre avis est essentiel. Vous pouvez participer activement au succès de ce livre en nous laissant un commentaire. Nous aimerions vraiment savoir ce que vous avez préféré dans cette édition !

Voici un lien rapide qui vous mènera à la page d'évaluation de vos commandes :

BestBooksActivity.com/Avis50

Merci pour votre aide et amusez-vous bien !

De la part de toute l'équipe

1 - Adjectifs #2

R	S	X	T	M	P	L	Q	Þ	H	R	E	I	N	T
D	R	A	M	A	T	Í	S	K	U	F	X	G	M	H
S	T	O	L	T	U	R	U	G	Æ	R	F	Þ	E	G
T	R	R	S	F	N	U	V	B	Y	U	R	T	Y	L
G	E	Þ	R	U	Ð	G	I	R	B	L	I	E	H	Æ
E	V	Þ	Z	Q	B	R	P	I	E	O	N	F	G	S
L	A	D	Ö	R	O	Y	N	U	F	X	F	N	O	I
U	G	F	F	V	X	B	L	Ý	S	A	N	D	I	L
R	U	T	L	A	S	Á	A	U	S	M	H	Ð	D	E
Ú	H	T	U	S	X	F	Y	F	T	W	G	Z	N	G
T	Á	Ý	G	V	I	L	L	T	E	C	K	L	A	U
T	V	N	U	U	G	P	L	I	R	G	E	C	P	R
Á	N	W	R	O	L	D	Q	R	K	W	R	D	A	R
N	S	Y	F	J	A	Ð	U	R	U	F	W	G	K	P
O	Q	X	D	X	E	K	T	A	R	Y	F	B	S	P

EKTA
FRÆGUR
SKAPANDI
LÝSANDI
DRAMATÍSK
GLÆSILEGUR
STOLTUR
STERKUR
ÁHUGAVERT
NÁTTÚRULEGT
NÝTT
ÖFLUGUR
HREINT
ÁBYRGUR
HEILBRIGÐUR
SALTUR
VILLT
ÞURR
SYFJAÐUR

2 - Formes

B	S	P	O	R	Ö	S	K	J	U	L	A	G	A	P
M	A	R	G	H	Y	R	N	I	N	G	K	K	N	R
K	O	K	S	G	K	E	I	L	A	K	K	M	Í	I
O	Ú	H	Y	P	E	R	B	O	L	A	O	H	L	S
R	Q	L	T	E	N	I	N	G	U	R	R	Y	V	M
W	T	O	A	X	Þ	J	B	A	V	Þ	T	M	B	V
U	I	S	V	M	N	O	R	Y	R	V	S	Ð	U	Y
S	P	O	R	B	A	U	G	W	U	H	R	I	N	G
A	F	V	S	M	Q	C	W	H	G	S	E	L	U	H
P	Ý	R	A	M	Í	D	A	O	N	Q	Ð	H	D	D
K	I	B	P	G	L	E	E	R	I	H	P	Þ	O	Q
F	E	R	I	L	L	M	N	N	N	N	Ð	B	W	R
A	L	M	D	C	I	N	Þ	A	R	C	C	U	S	Q
B	R	Ú	N	I	R	M	F	D	E	W	C	C	H	O
E	F	I	F	T	R	I	R	N	F	D	K	N	A	E

ARC
BRÚNIR
FERNINGUR
HRING
HORN
FERILL
KEILA
HLIÐ
TENINGUR
STROKKA
SPORBAUG
HYPERBOLA
LÍNA
SPORÖSKJULAGA
MARGHYRNING
PRISM
PÝRAMÍDA
KÚLA

3 - Force et Gravité

N	Þ	M	M	I	U	F	H	R	A	Ð	I	W	W	Þ
E	Ú	Y	H	J	Þ	J	P	E	L	C	U	T	W	R
I	F	N	N	W	V	A	Á	H	R	I	F	U	T	Ý
G	Ð	V	I	G	Z	R	W	Y	D	N	Y	A	R	S
N	A	Æ	O	N	D	L	I	F	C	W	N	R	R	T
I	L	V	R	U	G	Æ	K	L	I	Z	U	B	F	I
R	H	Z	C	F	S	G	N	I	F	Y	E	R	H	N
F	L	C	D	C	S	Ð	O	M	F	B	Z	O	I	G
Y	I	K	V	I	K	I	D	Í	B	Y	N	P	D	U
M	Ð	C	U	N	R	O	L	T	H	M	U	S	B	R
Y	A	E	A	G	N	U	Þ	Ð	I	R	K	S	L	D
W	J	N	G	A	M	L	U	G	E	S	K	M	E	W
U	P	P	G	Ö	T	V	U	N	P	W	Æ	L	Þ	U
Q	J	M	I	Ð	J	A	V	R	W	R	T	Á	S	S
V	É	L	F	R	Æ	Ð	I	Y	X	G	S	I	P	K

ÁS
MIÐJA
UPPGÖTVUN
FJARLÆGÐ
KVIK
STÆKKUN
SKRIÐÞUNGA
NÚNING
ÁHRIF
SEGULMAGN
VÉLFRÆÐI
HREYFING
SPORBRAUT
EÐLISFRÆÐI
ÞYNGD
ÞRÝSTINGUR
EIGNIR
TÍMI
ALHLIÐA
HRAÐI

4 - Adjectifs #1

M	R	V	E	T	I	A	Ð	L	A	Ð	A	N	D	I
S	Q	T	G	Æ	V	L	I	K	I	M	M	O	D	E
N	Ú	T	Í	M	A	V	M	M	K	M	Ð	M	Q	E
R	I	G	O	J	G	I	A	A	K	Þ	C	G	R	P
Ó	O	N	M	O	J	R	U	N	N	U	Þ	S	R	E
T	P	U	C	Ð	V	K	J	I	G	D	O	J	L	K
S	E	Þ	K	W	F	U	H	Æ	G	T	I	Z	A	I
R	X	T	G	E	L	R	A	Ð	A	N	T	E	M	L
A	X	B	C	Y	E	W	U	X	F	Z	I	G	K	I
Ð	L	F	A	W	P	I	I	G	E	L	L	A	F	S
Í	V	G	G	N	U	Z	L	Q	N	J	B	T	W	T
R	Þ	N	E	H	M	S	T	U	Ð	U	Y	O	Ð	R
G	W	R	H	R	Ö	R	L	Á	T	U	R	M	G	Æ
B	F	M	D	I	S	U	A	L	K	A	S	T	Ð	N
U	Q	Ð	L	F	R	A	M	A	N	D	I	P	X	N

ALGER
VIRKUR
METNAÐARLEGT
ILMANDI
LISTRÆNN
AÐLAÐANDI
FALLEG
FRAMANDI
GRÍÐARSTÓR
ÖRLÁTUR
SÖMU
MIKILVÆGT
SAKLAUS
UNGUR
HÆGT
ÞUNGT
ÞUNNUR
NÚTÍMA

5 - Instruments de Musique

C	O	H	A	F	O	K	Q	F	V	L	Đ	V	W	K
L	A	S	Q	G	O	N	G	M	L	R	N	E	M	L
B	P	N	L	Z	P	B	Þ	Þ	K	A	T	S	W	A
Z	A	M	M	O	R	T	Q	G	S	T	U	Q	W	R
D	U	N	T	P	C	B	T	B	L	Í	S	T	C	I
Ó	L	P	J	Q	D	E	B	F	A	G	Z	B	U	N
L	Đ	P	R	Ó	B	Ó	U	A	G	W	T	Á	U	E
L	I	Q	E	Ö	Z	V	H	G	V	T	C	S	A	T
E	F	B	R	Z	H	Y	B	O	E	Y	Z	Ú	H	T
S	A	X	Ó	F	Ó	N	W	T	R	W	U	N	A	E
L	W	Z	N	Þ	S	O	N	T	K	X	Đ	A	R	P
M	M	J	A	O	A	I	R	U	B	M	U	B	P	M
Þ	Q	N	Í	L	Ó	D	N	A	M	V	Y	D	A	O
T	A	P	P	M	A	R	I	M	B	A	C	Q	V	R
H	Q	E	P	B	O	I	Þ	Z	H	J	F	N	X	T

BANJÓ
FAGOTT
KLARINETT
FLAUTU
GONG
GÍTAR
MUNNHÖRPU
HARPA
ÓBÓ
MANDÓLÍN
MARIMBA
SLAGVERK
PÍANÓ
SAXÓFÓN
TROMMA
BUMBUR
BÁSÚNA
TROMPET
FIÐLU
SELLÓ

6 - Échecs

A	Á	H	Z	N	U	T	L	R	Z	F	H	F	Q	Z
Ð	S	Q	V	Q	Þ	Í	V	E	H	A	Ó	Z	U	T
L	K	B	S	Í	C	M	M	G	K	L	Z	R	I	N
Æ	O	P	Ð	T	T	I	Z	L	S	O	E	U	N	X
R	R	Þ	H	B	W	U	Z	U	W	G	P	G	P	Þ
A	A	X	R	H	U	Q	R	R	E	K	O	N	P	Q
G	N	I	N	T	T	O	R	D	K	J	C	U	E	Y
I	I	L	E	I	K	M	A	Ð	U	R	K	N	K	S
G	R	U	K	I	E	L	L	A	J	N	S	O	O	T
P	H	P	S	M	E	I	S	T	A	R	I	K	V	I
S	K	Á	H	V	K	M	N	Ó	F	Q	J	P	J	G
X	Q	I	D	N	A	L	Æ	M	T	Ó	M	T	U	Ð
D	Y	L	O	Q	R	R	N	Y	F	K	W	N	M	F
H	S	T	E	F	N	U	T	N	Ð	N	Z	Þ	H	W
A	Ð	G	E	R	Ð	A	L	A	U	S	V	D	J	D

MÓTMÆLANDI
AÐ LÆRA
HVÍTUR
MEISTARI
KEPPNI
ÁSKORANIR
SKÁ
SNJALL
LEIKUR
LEIKMAÐUR
SVART
AÐGERÐALAUS
STIG
DROTTNING
REGLUR
KONUNGUR
FÓRN
STEFNU
TÍMI
MÓT

7 - Herboristerie

G	A	G	N	L	E	G	R	M	R	Z	B	X	X	M
S	M	N	Þ	Y	D	A	Ó	C	M	L	N	U	L	X
T	T	Ó	M	C	U	L	S	Ð	I	E	R	T	A	M
I	G	E	L	R	U	Þ	M	G	D	N	S	N	M	M
M	R	H	I	B	Z	W	A	A	N	N	A	Y	A	Y
J	Æ	B	E	N	R	Z	R	R	A	E	F	M	R	G
A	N	I	S	O	S	A	Í	B	M	F	F	N	J	A
N	T	L	D	D	L	E	N	G	L	A	R	O	O	R
E	F	N	I	Q	L	U	L	F	I	Q	A	G	R	Ð
G	Æ	Ð	I	A	R	S	H	J	O	B	N	A	A	U
V	C	O	J	I	E	P	F	F	A	L	Þ	R	M	R
Y	B	Q	Ð	U	O	B	L	W	L	Ó	I	T	E	W
H	V	Í	T	L	A	U	K	U	R	M	Þ	S	V	A
I	Z	G	Z	O	R	A	L	L	G	C	L	E	A	B
V	N	R	C	B	Þ	Q	B	H	U	Q	O	K	B	B

HVÍTLAUKUR
ILMANDI
BASIL
GAGNLEG
MATREIÐSLU
ESTRAGON
FENNEL
BLÓM
EFNI
GARÐUR
LOFNARBLÓM
MARJORAM
MYNTU
STEINSELJA
GÆÐI
RÓSMARÍN
SAFFRAN
BRAGÐ
TIMJAN
GRÆNT

8 - Photographie

S	S	R	U	Z	H	Z	W	E	S	Ý	N	I	N	G
Þ	K	L	Ý	S	I	N	G	C	S	T	L	V	Ú	J
S	L	I	M	M	A	R	U	T	I	L	A	D	T	T
N	J	B	L	É	V	A	D	N	Y	M	N	N	S	X
O	Ð	Ó	E	G	Á	F	E	R	Ð	N	D	Y	Ý	Þ
Q	Z	P	N	F	R	U	K	R	Y	M	S	M	N	K
Þ	D	U	E	R	N	E	U	G	M	G	T	S	I	J
S	V	A	R	T	Æ	I	I	V	N	R	Æ	T	P	U
B	L	F	D	E	B	N	Y	N	B	E	Ð	I	N	S
I	B	T	V	J	W	C	R	H	I	Ð	A	L	O	Y
S	A	M	S	E	T	N	I	N	G	N	A	D	J	N
Y	Z	F	F	Ð	T	Z	F	K	N	S	G	N	U	I
S	K	U	G	G	A	R	D	F	W	L	Z	A	R	Y
Y	H	L	K	M	Ó	T	M	Æ	L	A	J	K	Ý	M
U	E	W	S	J	Ó	N	A	R	H	O	R	N	I	B

MÝKJA
RAMMI
MYNDAVÉL
SAMSETNING
ANDSTÆÐA
LITUR
SKILGREINING
SÝNING
LÝSING
SNIÐ

SVART
MÓTMÆLA
MYRKUR
SKUGGAR
SJÓNARHORNI
ANDLITSMYND
EFNI
ÁFERÐ
SJÓNRÆN
ÚTSÝNI

9 - Véhicules

C	D	N	O	I	S	Ý	H	L	Ó	J	H	F	M	V
F	L	S	V	J	W	J	P	L	Y	W	O	L	Ó	Ö
F	E	R	J	A	J	Y	Ú	X	I	V	K	E	T	R
I	T	K	L	K	J	W	Þ	K	Y	T	Y	K	O	U
Þ	L	É	V	R	A	T	T	Á	R	D	A	I	R	B
E	D	F	Z	U	L	H	Z	X	K	A	F	X	N	Í
L	E	F	K	T	S	E	L	B	U	B	B	I	I	L
D	K	Þ	A	Á	U	S	K	U	T	L	A	Í	I	L
F	K	P	Y	B	G	I	F	P	Ú	Ó	F	Q	L	I
L	O	J	I	R	Đ	G	Đ	S	R	J	L	L	L	L
A	A	U	E	Z	L	C	U	E	D	H	U	H	Í	Đ
U	Þ	Þ	M	X	D	A	W	V	D	Đ	G	E	B	S
G	O	U	Q	V	I	L	R	Þ	Q	I	V	P	N	W
K	A	F	B	Á	T	U	R	Y	Y	E	É	M	U	M
S	H	O	N	P	T	F	D	X	E	R	L	Đ	I	Y

SJÚKRABÍLL
FLUGVÉL
BÁTUR
RÚTU
VÖRUBÍLL
HJÓLHÝSI
FERJA
ELDFLAUG
ÞYRLA
MÓTOR
SKUTLA
DEKK
FLEKI
VESPU
KAFBÁTUR
TAXI
DRÁTTARVÉL
LEST
REIÐHJÓL
BÍLL

10 - Camping

N	N	X	X	S	L	X	J	K	G	Z	R	T	C	H
N	O	S	P	R	K	Þ	Q	L	G	N	U	T	L	E
Æ	C	B	E	C	W	Ð	P	E	K	A	N	Ó	K	N
S	V	D	T	M	X	J	Y	F	U	L	A	C	K	G
U	K	I	P	I	E	R	Q	A	V	D	T	Q	O	I
D	F	O	N	S	T	Ö	Ð	U	V	A	T	N	R	R
F	X	O	R	T	B	J	P	P	U	T	A	K	T	Ú
I	S	U	Y	D	Ý	G	G	H	G	I	Q	O	U	M
I	W	B	J	C	Ý	R	T	B	J	V	K	Z	L	L
H	Y	Ú	H	H	A	R	I	Y	X	A	D	Ý	R	A
F	W	N	A	R	Ú	T	T	Á	N	T	L	P	U	K
Y	A	A	H	A	T	T	U	R	G	T	A	V	D	P
A	I	Ð	V	E	I	Ð	A	E	Y	Á	J	Q	L	Ð
K	R	U	G	Ó	K	S	H	Þ	D	Z	T	U	E	Z
V	Y	R	P	K	F	J	A	L	L	C	S	R	T	A

DÝR
ÆVINTÝRI
ÁTTAVITA
KLEFA
KANÓ
KORT
HATTUR
VEIÐA
REIPI
BÚNAÐUR
ELDUR
SKÓGUR
HENGIRÚM
SKORDÝR
STÖÐUVATN
LUKT
TUNGL
FJALL
NÁTTÚRAN
TJALD

11 - Géométrie

N	N	O	B	Đ	L	Ó	Đ	R	É	T	T	Đ	V	J
B	Ú	A	W	R	Ú	T	R	E	I	K	N	I	N	G
Z	M	V	D	O	S	A	M	H	L	I	Đ	A	I	G
I	E	T	C	B	R	X	Q	M	J	N	C	R	V	S
K	R	Þ	M	R	F	S	A	M	H	V	E	R	F	U
B	E	T	Z	I	I	X	Q	N	P	T	A	T	P	H
V	Þ	N	A	F	Đ	R	Ö	K	F	R	Æ	Đ	I	D
W	Í	Þ	N	Y	D	G	N	I	R	H	E	Y	H	O
S	I	D	E	I	W	U	I	Q	N	Z	Þ	I	U	T
O	I	H	D	J	N	U	Q	L	S	F	L	B	U	J
W	S	C	H	N	A	G	V	H	D	H	L	U	T	I
I	E	H	S	M	E	S	S	I	Z	I	I	S	Z	L
Þ	R	Í	H	Y	R	N	I	N	G	U	R	B	V	E
H	L	U	T	F	A	L	L	Á	M	R	E	V	Þ	D
H	Æ	Đ	H	O	R	N	F	B	A	N	F	A	J	G

HORN
ÚTREIKNING
HRING
FERILL
ÞVERMÁL
VÍDD
JAFNA
HÆÐ
RÖKFRÆÐI
MESSI

MIÐGILDI
NÚMER
SAMHLIÐA
HLUTFALL
HLUTI
YFIRBORÐ
SAMHVERFU
KENNING
ÞRÍHYRNINGUR
LÓÐRÉTT

12 - Les Médias

O	Á	L	O	M	Ú	T	V	A	R	P	V	D	P	W
P	N	R	Ð	R	E	H	T	F	Ð	E	I	A	K	B
I	E	U	J	I	W	N	D	Á	K	K	T	G	V	J
N	T	G	Y	R	E	Ð	N	G	T	B	S	B	A	X
B	I	N	R	Æ	B	Ð	A	T	S	N	M	L	H	A
E	N	I	I	V	P	C	R	Ú	U	U	U	Ö	A	V
R	U	L	D	Y	I	P	K	H	Þ	N	N	Ð	U	I
N	Y	K	N	N	A	A	S	Y	A	G	A	S	G	Ð
O	E	A	Y	M	R	R	Ð	H	R	Ö	L	T	L	H
Z	W	T	E	H	Y	D	H	Þ	L	M	E	A	Ý	O
O	Y	S	R	O	Z	N	E	D	Q	R	G	F	S	R
N	D	N	Ð	C	Þ	Z	D	Þ	A	Á	U	R	I	F
F	D	I	A	B	I	O	U	I	D	J	M	Æ	N	S
Þ	A	E	T	I	L	Á	V	Y	R	F	Y	N	G	C
K	T	Y	S	I	Ð	N	A	Ð	U	R	A	H	C	Q

VIÐHORF
AUGLÝSING
Á NETINU
ÚTGÁFA
MENNTUN
STAÐREYNDIR
FJÁRMÖGNUN
EINSTAKLINGUR
IÐNAÐUR
VITSMUNALEGUM
DAGBLÖÐ
STAÐBÆR
STAFRÆN
ÁLIT
MYNDIR
OPINBER
ÚTVARP
NET

13 - Diplomatie

E	T	I	H	W	S	B	K	Ö	T	Á	B	R	E	Á
B	L	V	V	E	L	I	Ð	Æ	R	N	N	A	M	L
B	K	A	O	O	I	F	L	H	H	Y	M	R	G	Y
B	Y	C	F	Z	H	L	U	B	Þ	J	G	A	F	K
N	R	Ó	J	T	S	S	I	K	Í	R	Ð	G	Q	T
E	R	L	E	N	D	U	M	N	F	J	O	R	I	U
R	S	A	M	S	T	A	R	F	D	R	A	O	H	N
L	Á	M	N	R	Ó	J	T	S	Þ	I	D	B	U	U
Z	K	Ð	H	D	I	P	L	O	M	A	T	I	C	M
D	W	N	G	A	L	É	F	M	A	S	H	T	C	R
W	O	L	T	J	R	É	T	T	L	Æ	T	I	Q	Æ
L	A	U	S	N	A	S	E	N	D	I	R	Á	Ð	Ð
Q	K	M	M	C	J	F	A	Ð	K	C	H	N	G	A
X	H	K	Z	F	R	N	I	Ð	Æ	R	F	Ð	I	S
U	B	J	L	D	S	E	N	D	I	H	E	R	R	A

SENDIRÁÐ
SENDIHERRA
BORGARAR
SAMFÉLAG
ÁTÖK
RÁÐGJAFI
SAMSTARF
DIPLOMATIC
UMRÆÐA
SIÐFRÆÐI
ERLENDUM
RÍKISSTJÓRN
MANNRÆÐI
HEILINDI
RÉTTLÆTI
STJÓRNMÁL
ÁLYKTUN
ÖRYGGI
LAUSN

14 - Électricité

R	I	S	Y	E	L	H	O	X	C	A	B	H	I	V
A	L	S	M	Y	E	G	L	T	D	S	J	A	T	Z
F	D	R	W	R	C	K	E	U	M	Í	N	U	S	R
V	P	A	R	B	Z	O	U	R	T	C	Þ	H	F	Y
I	R	Đ	W	Y	D	K	T	E	E	I	P	M	A	L
R	A	A	O	B	K	G	O	P	N	Y	Z	W	Z	R
K	V	L	F	M	J	Y	S	E	G	U	L	L	Đ	A
I	N	H	M	M	Z	Á	Đ	G	D	S	E	Þ	B	F
G	Ó	F	B	U	A	D	K	N	S	V	B	X	U	A
E	J	A	U	L	A	G	C	V	N	A	A	V	Þ	L
G	S	R	G	L	R	O	N	V	Æ	H	K	Í	S	L
B	Ú	N	A	Đ	U	R	V	S	Y	T	E	R	Í	D
I	N	N	S	T	U	N	G	A	M	V	T	L	M	K
Þ	M	F	V	N	F	H	E	M	A	G	N	G	I	N
A	F	B	R	W	L	O	W	O	Q	Q	J	F	Þ	B

SEGULL	LEYSIR
PERU	MÍNUS
RAFHLAĐA	HLUTI
KABEL	JÁKVÆTT
RAFVIRKI	INNSTUNGA
RAFMAGNS	MAGN
BÚNAĐUR	NET
VÍR	GEYMSLA
RAFALL	SÍMI
LAMPI	SJÓNVARP

15 - Astronomie

M	V	H	R	E	I	K	I	S	T	J	A	R	N	A
Z	Y	C	I	K	R	E	M	U	N	R	Ö	J	T	S
S	C	R	C	M	U	Þ	S	G	T	Þ	D	C	G	Đ
O	M	H	K	C	I	S	Ó	E	G	A	L	A	X	Y
M	L	Á	Đ	V	Q	N	L	I	L	K	F	B	G	E
S	O	J	S	O	I	V	N	M	G	K	S	F	E	L
O	D	I	Þ	T	Đ	K	H	F	N	O	L	T	I	D
C	P	S	I	A	I	Đ	Y	A	U	Þ	O	U	S	F
Z	L	H	Q	N	N	R	A	R	T	L	F	N	L	L
Q	V	B	Y	I	U	Ö	N	I	I	F	T	G	U	A
D	L	J	Þ	I	X	J	H	I	V	Z	S	L	N	U
O	B	S	E	R	V	A	T	O	R	Y	T	Đ	N	G
E	Q	U	I	N	O	X	V	T	E	Þ	E	N	G	W
A	L	H	E	I	M	U	R	O	G	N	I	W	A	M
J	C	U	I	L	L	G	I	K	U	A	N	Ó	J	S

SMÁSTIRNI
GEIMFARI
HIMINN
STJÖRNUMERKI
COSMOS
MYRKVI
EQUINOX
ELDFLAUG
GALAXY
TUNGL
LOFTSTEIN
ÞOKKA
OBSERVATORY
REIKISTJARNA
GEISLUN
GERVITUNGL
SÓL
JÖRÐ
SJÓNAUKI
ALHEIMUR

16 - Physique

Þ	É	T	T	L	E	I	K	I	K	E	G	O	E	F
Z	L	A	T	K	I	L	U	M	A	F	F	A	N	Z
S	R	T	Í	E	J	Q	X	M	P	N	M	Z	S	I
V	O	Ó	Ð	W	N	A	N	C	E	I	Ð	A	R	H
M	Ð	M	N	L	F	A	R	A	D	G	N	Y	Þ	Ö
W	A	L	I	S	Ð	D	X	N	U	Ð	Ö	R	H	G
V	T	A	P	U	E	V	É	L	O	R	P	Ð	Þ	N
D	D	G	R	F	I	O	R	A	Ð	R	I	U	M	K
A	L	H	L	I	Ð	A	A	Þ	F	A	K	Þ	E	X
L	E	N	N	J	Æ	D	F	O	T	S	Q	U	S	G
Ú	U	A	Þ	L	R	P	E	I	V	Q	T	M	S	Þ
M	T	P	P	E	F	Ð	I	Þ	N	Ð	H	Æ	I	U
R	E	R	Þ	S	L	D	N	E	D	T	C	J	Ð	S
O	L	G	Q	W	É	B	D	N	I	E	M	A	S	I
F	Q	Ð	Y	Z	V	S	E	G	U	L	M	A	G	N

HRÖÐUN
ATÓM
ROÐA
EFNI
ÞÉTTLEIKI
RAFEIND
FORMÚLA
TÍÐNI
GAS
ÞYNGDARAFL

SEGULMAGN
MESSI
VÉLFRÆÐI
SAMEIND
VÉL
KJARNORKU
ÖGN
AFSTÆÐI
ALHLIÐA
HRAÐI

17 - Types de Cheveux

Þ	Þ	S	K	Ö	L	L	Ó	T	T	U	R	G	J	L
C	Y	U	S	N	I	B	R	Ú	N	T	Y	U	T	J
Þ	W	K	R	Þ	N	P	M	Q	M	G	X	W	X	Ó
Þ	T	A	K	R	R	T	Þ	Z	B	N	Q	N	T	S
D	N	Y	R	U	S	S	Þ	V	F	A	K	D	R	H
Ð	I	K	K	O	R	H	E	A	L	L	U	R	K	Æ
G	R	Á	R	U	Ð	G	I	R	B	L	I	E	H	R
Y	G	G	L	A	N	S	A	N	D	I	K	R	I	Ð
M	J	Ú	K	U	R	Þ	U	N	N	U	R	N	W	U
H	V	Í	T	U	R	Q	M	S	S	J	O	M	W	R
F	L	É	T	T	U	R	O	I	Ð	T	D	R	X	S
F	L	É	T	T	U	M	Þ	L	I	G	U	S	Y	V
G	Y	C	D	F	X	A	P	F	Ð	R	W	T	S	A
F	Y	C	Þ	B	T	Ð	R	U	Q	O	P	G	T	R
F	D	Y	L	I	T	A	Ð	R	Y	Ð	Þ	V	B	T

SILFUR
HVÍTUR
LJÓSHÆRÐUR
KRULLA
GLANSANDI
SKÖLLÓTTUR
LITAÐ
STUTT
MJÚKUR
ÞYKKUR
HROKKIÐ
GRÁR
LANGT
BRÚNT
ÞUNNUR
SVART
HEILBRIGÐUR
ÞURR
FLÉTTUR
FLÉTTUM

18 - Archéologie

Á	Þ	G	F	Ó	A	O	H	I	M	G	Ð	F	P	A
S	R	O	A	N	Þ	P	E	L	A	B	O	O	R	Þ
R	Q	U	Q	H	X	E	A	G	U	L	Q	R	Ó	O
Á	K	Ð	T	D	U	U	K	C	B	T	D	N	F	X
Ð	K	S	L	V	Q	I	O	K	Q	M	I	Ö	E	R
G	N	I	N	I	E	R	G	G	T	Y	N	L	S	A
Á	T	Í	M	U	M	K	Ð	N	X	E	N	D	S	N
T	T	E	M	P	L	E	J	I	Q	L	I	Z	O	N
A	V	K	U	J	M	A	T	N	D	G	M	S	R	S
S	É	R	F	R	Æ	Ð	I	N	G	U	R	L	X	Ó
U	S	T	Ö	T	U	C	G	E	R	D	L	E	Z	K
L	Y	D	R	I	D	N	A	M	O	K	F	A	F	N
I	R	C	G	S	O	I	L	Ð	U	H	F	W	O	I
Ð	C	E	T	H	S	E	Z	I	U	A	W	A	R	R
A	X	I	X	Þ	H	B	W	S	M	I	X	A	N	C

GREINING
FORN
ÁR
FORNÖLD
RANNSÓKNIR
SIÐMENNING
AFKOMANDI
SÉRFRÆÐINGUR
TÍMUM
LIÐ
MAT
ÓÞEKKT
RÁÐGÁTA
HLUTI
BEIN
GLEYMT
PRÓFESSOR
MINNI
TEMPLE
GRÖF

19 - Mammifères

K	K	V	Ð	S	D	K	Þ	B	A	Y	L	Q	H	P
Ö	A	F	A	L	L	I	R	Ó	G	D	J	R	E	J
T	N	T	T	É	L	A	Ð	Q	J	M	Ó	Q	Þ	Z
T	Í	O	L	T	T	K	I	N	D	R	N	T	Z	R
U	N	H	K	T	U	W	N	M	M	E	F	O	R	U
R	A	U	C	U	J	A	H	I	F	F	A	R	Í	G
G	Q	N	F	Ú	X	Þ	N	V	A	U	M	D	I	N
J	H	D	Í	L	D	V	H	Ú	A	R	B	E	Z	U
R	I	U	L	F	I	T	V	B	L	L	L	I	Þ	R
T	P	R	L	U	T	I	G	E	R	F	U	L	Q	F
W	X	G	H	R	H	P	D	V	U	M	U	R	E	Ö
B	J	Ö	R	N	G	A	N	H	T	Y	E	R	S	H
K	E	N	G	Ú	R	A	Z	B	S	G	R	G	R	E
E	D	O	E	E	T	O	P	K	E	J	O	S	L	J
P	V	V	Y	M	P	P	L	V	H	Y	N	N	Y	B

HVALUR
KÖTTUR
HESTUR
HUNDUR
SLÉTTUÚLFUR
HÖFRUNGUR
FÍL
GÍRAFFI
GÓRILLA
KENGÚRA
KANÍNA
LJÓN
ÚLFUR
KIND
BJÖRN
REFUR
API
NAUT
TIGER
ZEBRA

20 - Chocolat

T	C	J	V	S	A	F	R	A	M	A	N	D	I	S
F	X	K	U	W	T	Y	R	S	V	G	R	H	V	Æ
B	W	N	Q	D	K	R	E	V	D	N	A	H	Q	T
Đ	R	U	M	L	I	U	I	S	G	Đ	G	L	U	U
M	G	A	W	H	E	G	C	T	N	L	N	Đ	P	R
U	H	D	G	Þ	M	N	E	F	O	G	I	H	P	O
T	P	B	N	Đ	Đ	E	G	Æ	Đ	I	N	E	S	K
E	B	P	Þ	U	D	F	N	A	H	A	I	F	K	A
N	I	Þ	Á	D	Ó	F	X	A	R	Y	E	N	R	R
H	T	Y	I	H	K	Ú	T	Z	M	B	A	I	I	A
Đ	U	J	A	C	A	J	F	I	N	M	T	U	F	M
S	R	H	G	K	K	L	U	J	S	L	I	I	T	E
S	Y	K	U	R	Þ	L	D	M	A	T	H	O	Q	L
Y	B	X	A	T	E	N	H	S	O	K	Ó	K	O	L
O	A	N	D	O	X	U	N	A	R	E	F	N	I	A

BITUR
ANDOXUNAREFNI
ILMUR
HANDVERK
NAMMI
HNETUM
KAKÓ
HITAEININGAR
KARAMELLA
LJÚFFENGUR
SÆTUR
FRAMANDI
UPPÁHALDS
BRAGÐ
EFNI
KÓKOSHNETA
DUFT
GÆÐI
UPPSKRIFT
SYKUR

21 - Mathématiques

S	U	Í	D	A	R	W	O	T	G	S	T	J	S	Þ
V	A	M	M	U	S	Ð	U	O	Q	J	K	D	A	G
S	N	M	Q	T	Ö	L	U	R	A	Ð	A	J	M	J
R	J	Ð	H	I	D	N	I	B	D	F	O	J	H	A
Y	C	D	R	V	M	F	T	C	S	U	Z	A	L	A
Z	M	S	C	A	E	K	Ð	L	B	P	L	F	I	U
R	U	G	N	I	N	R	Y	H	Í	R	Þ	N	Ð	K
N	Ð	L	Á	M	M	U	F	E	J	E	C	A	A	A
C	P	Á	E	C	F	Q	U	U	X	G	N	J	Ð	S
R	Ú	M	F	R	Æ	Ð	I	I	J	Z	Q	L	T	T
L	Þ	R	M	A	R	G	H	Y	R	N	I	N	G	A
J	Q	E	K	N	K	R	U	G	N	I	N	R	E	F
I	U	V	V	E	L	D	I	S	V	Í	S	I	R	R
Þ	N	Þ	B	H	O	R	N	N	E	A	V	B	A	R
R	É	T	T	H	Y	R	N	I	N	G	U	R	A	S

HORN
TÖLUR
FERNINGUR
UMMÁL
AUKASTAF
ÞVERMÁL
VELDISVÍSIR
JAFNA
BROT
RÚMFRÆÐI
SAMHLIÐA
JAÐAR
MARGHYRNING
RADÍUS
RÉTTHYRNINGUR
SUMMA
SAMHVERFU
ÞRÍHYRNINGUR
BINDI

22 - Sport

E	C	E	Þ	Þ	Z	N	H	F	X	B	D	O	D	G
D	F	N	S	Z	Y	B	E	O	H	E	F	J	J	E
A	G	N	I	R	Æ	N	I	R	J	I	Ð	G	K	T
N	H	A	A	U	G	E	L	R	A	N	M	H	H	U
S	F	H	Ð	S	D	Ð	S	I	R	S	K	O	K	K
A	H	U	E	Þ	K	Þ	A	T	T	Y	Q	L	E	R
L	Í	K	A	M	I	I	O	Q	A	I	F	U	R	V
M	E	M	K	Q	S	I	P	H	Á	M	A	R	K	A
K	A	N	R	U	K	R	Y	T	S	F	B	D	V	K
V	C	T	V	P	N	K	A	L	I	S	P	F	Y	I
R	U	Ð	A	M	A	T	T	Ó	R	Þ	Í	T	X	F
Þ	Ð	P	B	R	H	J	Ó	L	A	V	Ö	Ð	V	A
E	R	F	R	Q	Æ	Í	Þ	R	Ó	T	T	I	R	A
E	W	E	Y	J	G	Ð	I	M	K	R	A	M	R	O
S	L	T	K	I	Q	C	I	R	A	F	L	Á	J	Þ

ÍÞRÓTTAMAÐUR
GETU
HJARTA
LÍKAMI
HJÓLA
DANSA
MATARÆÐI
ÞREK
ÞJÁLFARI
STYRKUR
SKOKK
HÁMARKA
EFNASKIPTI
VÖÐVA
NÆRING
MARKMIÐ
BEIN
FORRIT
HEILSA
ÍÞRÓTTIR

23 - Mythologie

V	S	L	Ð	H	M	Þ	S	M	S	U	V	Ó	Ð	S
I	T	Þ	N	P	U	J	K	E	H	L	Ö	D	E	T
Ð	Y	Q	E	Ð	I	Ó	R	N	Z	A	L	A	L	R
H	R	D	L	K	P	Ð	Í	N	A	P	U	U	D	Í
O	K	J	X	G	Ð	S	M	I	Ð	J	N	Ð	I	Ð
R	U	M	U	R	Þ	A	S	N	K	G	D	L	N	S
F	R	H	J	S	F	G	L	G	Þ	F	A	E	G	M
H	E	T	J	A	Ö	A	I	Þ	Þ	V	R	I	N	A
S	W	X	L	S	F	A	D	N	F	E	H	K	U	Ð
K	C	Þ	W	K	U	L	V	O	R	G	Ú	A	M	U
Ö	L	H	Y	E	N	U	Ð	G	E	H	S	K	R	R
P	P	J	O	P	D	D	A	U	Ð	L	E	G	Ö	Þ
U	D	C	D	N	A	R	K	E	T	Y	P	E	H	S
N	I	D	N	A	R	F	Ö	T	C	K	P	X	U	E
E	G	Þ	L	N	X	B	M	M	R	Y	B	Ð	H	I

ARKETYPE
HÖRMUNG
HEGÐUN
SKÖPUN
SKEPNA
VIÐHORF
MENNING
ELDING
STYRKUR
STRÍÐSMAÐUR
HETJA
ÓDAUÐLEIKA
ÖFUND
VÖLUNDARHÚS
ÞJÓÐSAGA
TÖFRANDI
SKRÍMSLI
DAUÐLEG
ÞRUMUR
HEFND

24 - Restaurant #2

T	K	S	G	A	M	A	W	X	S	S	O	Á	N	S
G	A	V	A	T	N	J	X	H	Ú	K	C	V	M	G
E	K	Đ	R	O	N	X	K	E	P	E	U	Ö	I	A
B	A	C	S	G	D	C	C	R	A	I	I	X	Q	F
J	F	F	R	C	J	L	P	H	Y	Đ	Þ	T	C	F
N	K	S	F	I	B	E	T	R	M	D	Đ	U	V	A
U	Ú	T	P	E	S	A	L	A	T	L	D	R	N	L
I	E	Đ	J	P	Í	Y	A	F	T	Q	N	I	N	T
Þ	Đ	M	L	X	A	S	S	D	U	Þ	S	T	Ó	L
W	A	J	H	U	O	F	I	S	K	U	R	E	J	R
O	S	B	Q	U	R	U	K	K	Y	R	D	M	Þ	S
K	V	Ö	L	D	M	A	T	U	R	W	Þ	N	E	T
L	J	Ú	F	F	E	N	G	U	R	N	D	Æ	P	K
J	Q	Y	S	X	V	R	P	E	G	G	G	R	Z	G
T	Y	W	H	J	O	Q	D	U	O	N	D	G	V	G

DRYKKUR
STÓL
SKEIÐ
LJÚFFENGUR
KVÖLDMATUR
VATN
KRYDD
GAFFAL
ÁVÖXTUR
KAKA
ÍS
GRÆNMETI
NÚÐLUR
EGG
FISKUR
SALAT
SALT
ÞJÓNN
SÚPA

25 - Beauté

K	Đ	Z	V	K	J	H	E	D	G	S	K	P	C	H
V	R	U	M	L	I	R	U	Í	L	O	K	I	I	D
A	Þ	U	N	B	L	O	D	C	Æ	G	S	Æ	L	I
R	J	H	L	Ó	P	M	A	J	S	N	U	P	R	I
A	Ó	E	G	L	H	Ú	Đ	X	I	Đ	R	A	F	I
L	N	I	N	U	A	V	W	F	L	D	Y	Y	W	H
I	U	L	N	T	J	Z	W	L	E	Đ	O	R	Đ	E
T	S	L	Á	R	U	R	Ö	V	I	T	R	Y	N	S
U	T	A	Đ	Þ	E	Þ	Þ	P	K	L	L	L	R	R
R	A	R	A	K	S	A	M	O	I	I	U	M	Y	C
L	J	Ó	S	M	Y	N	D	I	N	T	P	O	V	K
G	L	Æ	S	I	L	E	G	U	R	U	O	P	T	W
S	P	E	G	I	L	L	C	I	P	R	E	S	G	G
Q	O	S	T	Í	L	I	S	T	I	S	L	É	T	T
Y	B	T	R	O	Q	A	J	K	W	L	L	K	B	O

KRULLA
HEILLA
SKÆRI
SNYRTIVÖRUR
LITUR
GLÆSILEIKI
GLÆSILEGUR
NÁÐ
OLÍUR
SLÉTT
FARÐI
MASKARA
SPEGILL
ILMUR
HÚÐ
LJÓSMYNDIN
VARALITUR
ÞJÓNUSTA
SJAMPÓ
STÍLISTI

26 - Avions

M	V	D	Đ	W	U	E	X	C	G	U	V	T	S	B
V	E	J	J	P	N	P	L	D	Þ	P	P	Q	Z	P
Đ	T	F	O	L	S	C	P	D	Y	I	X	M	O	I
U	N	F	E	T	S	V	X	R	S	B	U	E	F	Q
R	I	F	P	C	P	W	E	G	U	N	M	J	I	Y
Đ	Đ	K	Ö	Y	R	S	A	G	A	N	E	Q	Þ	S
Ö	Í	D	G	H	F	E	V	W	Y	N	A	Y	X	P
L	M	Þ	V	M	Á	L	E	N	D	I	N	G	T	D
B	S	F	L	U	G	M	A	Đ	U	R	I	X	S	I
S	T	J	Ó	R	N	M	Á	L	O	O	V	X	K	B
Ó	K	Y	R	R	Đ	T	I	E	Þ	K	F	G	R	L
D	Þ	B	P	K	Đ	M	A	I	P	A	Q	B	Ú	Á
F	A	R	Þ	E	G	I	V	É	L	H	Æ	Đ	F	S
Æ	V	I	N	T	Ý	R	I	Đ	L	K	F	X	U	A
E	X	U	G	H	I	M	I	N	N	A	O	Đ	R	Q

LOFT
STJÓRNMÁL
LENDING
ÆVINTÝRI
BLÖÐRU
ELDSNEYTI
HIMINN
SMÍÐI
UPPRUNA
STEFNU

ÁHÖFN
BLÁSA
HÆÐ
SKRÚFUR
SAGA
VETNI
VÉL
FARÞEGI
FLUGMAÐUR
ÓKYRRÐ

27 - Aventure

Ó	S	K	O	Đ	U	N	A	R	F	E	R	Đ	G	K
S	V	U	N	I	A	Y	O	Á	Đ	N	Z	H	J	Z
I	F	E	I	Y	V	C	S	S	Ó	S	E	Đ	R	U
G	E	M	N	P	I	V	Z	F	M	V	U	Q	U	N
L	G	A	K	J	T	N	U	L	D	Þ	A	R	Đ	Á
I	U	J	R	Þ	U	L	Ý	D	L	G	O	R	A	T
N	R	E	I	U	E	L	T	T	E	L	B	U	T	T
G	Đ	C	V	I	U	M	E	D	T	R	Y	K	S	Ú
A	W	B	Q	K	I	A	W	G	T	J	F	Í	A	R
R	T	I	R	Æ	F	I	K	Æ	T	Y	S	L	G	A
U	N	D	I	R	B	Ú	N	I	N	G	U	R	N	N
X	Q	U	Đ	H	U	G	R	E	K	K	I	Þ	A	Z
I	T	G	E	L	U	T	T	Æ	H	B	D	Đ	F	Þ
E	X	L	L	J	B	Y	V	A	N	D	I	Đ	Á	Q
B	G	I	G	G	Y	R	Ö	F	E	R	Đ	A	S	T

VIRKNI
FEGURÐ
HUGREKKI
LÍKUR
HÆTTULEGT
ÁFANGASTAÐUR
VANDI
ELDMÓÐ
SKOÐUNARFERÐ
ÓVENJULEGT
GLEÐI
NÁTTÚRAN
SIGLINGAR
NÝTT
TÆKIFÆRI
UNDIRBÚNINGUR
ÖRYGGI
Á ÓVART
FERÐAST

28 - Ville

V	T	U	Đ	Ú	B	A	M	Ó	L	B	C	M	V	A
Đ	Ö	M	Í	R	A	K	A	B	E	L	D	F	B	F
S	Ú	L	R	U	N	X	U	E	B	C	R	P	Í	O
G	A	B	L	N	K	H	Ó	T	E	L	H	N	R	T
N	Þ	F	U	I	I	N	V	Þ	G	Q	R	K	E	S
Y	G	N	N	R	N	O	A	H	Á	S	K	Ó	L	I
Q	L	Z	Þ	Z	Ö	N	P	O	N	Z	B	L	L	T
S	K	Ó	L	I	I	V	Ó	V	Đ	F	Ó	E	A	R
O	O	L	C	O	W	V	T	T	P	T	K	I	G	Y
Đ	T	E	B	Q	Þ	P	E	A	W	I	A	K	A	N
S	L	X	M	R	Z	G	K	M	M	Đ	S	H	T	S
K	Þ	C	M	A	R	K	A	Đ	U	R	A	Ú	E	Q
F	L	U	G	V	Ö	L	L	U	R	Þ	F	S	H	T
K	A	F	F	I	H	Ú	S	E	U	L	N	W	K	Þ
J	B	M	J	Q	B	Ó	K	A	B	Ú	Đ	D	Đ	R

FLUGVÖLLUR
BANKI
BÓKASAFN
BAKARÍ
KAFFIHÚS
SKÓLI
BLÓMABÚÐ
GALLERÍ
HÓTEL
BÓKABÚÐ
MARKAÐUR
SAFN
APÓTEK
SNYRTISTOFA
VÖLLINN
MATVÖRUBÚÐ
LEIKHÚS
HÁSKÓLI

29 - Ingénierie

B	M	S	Þ	K	X	A	D	E	X	Ú	S	Á	B	M
Y	U	T	T	V	G	S	P	L	N	T	K	J	O	D
G	C	Ö	Đ	P	E	M	H	N	E	R	Ý	X	O	K
G	Þ	Đ	J	K	G	R	Þ	Z	L	E	R	Q	D	N
I	O	U	A	K	K	N	M	F	W	I	I	I	P	P
N	D	G	N	I	L	Æ	M	Á	V	K	N	R	O	H
G	Q	L	S	V	R	N	F	B	L	N	G	H	K	K
L	I	E	G	T	F	U	H	I	E	I	A	K	R	O
V	B	I	Í	P	Y	M	Z	J	S	N	R	O	U	F
G	K	K	R	Y	T	R	Ó	Þ	Í	G	M	V	É	L
J	A	I	D	Ý	P	T	K	T	D	K	Y	K	R	F
S	M	Í	Đ	I	Þ	E	R	U	O	D	N	N	G	E
S	N	Ú	N	I	N	G	U	R	R	R	D	Ý	Þ	S
F	L	J	Ó	T	A	N	D	I	A	I	Đ	J	Đ	S
D	R	E	I	F	I	N	G	S	B	U	W	A	A	V

HORN
ÁS
ÚTREIKNING
SMÍÐI
SKÝRINGARMYND
ÞVERMÁL
DÍSEL
DREIFING
GÍR
ORKA
STYRKUR
FLJÓTANDI
VÉL
MÆLING
MÓTOR
DÝPT
KNÝJA
SNÚNINGUR
STÖÐUGLEIKI
BYGGING

30 - Énergie

E	K	T	Ú	R	B	Í	N	A	Ð	I	E	R	Ó	R
F	N	J	U	H	Þ	X	Í	N	T	F	Z	W	J	A
I	I	D	A	Þ	R	R	S	B	M	R	J	V	M	F
M	P	L	U	R	Ð	R	N	M	A	E	I	I	N	E
E	O	I	A	R	N	P	E	M	Ð	V	N	D	A	I
Ð	Y	N	J	X	N	O	B	E	I	H	F	G	K	N
M	Ó	T	O	R	K	Ý	R	T	Y	M	E	O	U	D
A	N	E	H	X	O	U	J	K	G	U	L	B	K	N
E	A	V	E	L	K	I	F	A	U	K	O	H	Q	I
L	J	Ó	S	E	I	N	D	E	N	P	K	I	D	Ð
D	Í	S	E	L	U	O	S	F	B	L	G	T	I	N
V	I	N	D	U	R	F	M	N	C	B	E	A	S	A
B	Z	S	E	L	D	S	N	E	Y	T	I	G	Q	Ð
Z	L	Ó	R	X	L	R	A	F	M	A	G	N	S	U
E	W	L	R	A	F	H	L	A	Ð	A	W	Ð	Þ	R

RAFHLAÐA
KOLEFNI
ELDSNEYTI
HITA
DÍSEL
ÓREIÐA
UMHVERFI
BENSÍN
RAFMAGNS
RAFEIND

VETNI
IÐNAÐUR
MÓTOR
KJARNORKU
LJÓSEIND
MENGUN
ENDURNÝJANLEG
SÓL
TÚRBÍNA
VINDUR

31 - Cuisine

K	N	M	V	S	S	D	K	Z	H	I	S	J	F	P
H	U	T	M	W	R	E	B	E	A	U	F	P	O	T
V	P	X	P	T	Q	T	R	F	T	Z	Y	Ð	R	Y
H	P	W	C	U	S	V	A	V	X	I	L	Á	K	S
F	S	U	A	Z	K	J	P	F	Í	O	L	Þ	S	A
R	K	C	E	D	E	R	Z	H	P	E	H	L	Z	U
Y	R	K	L	L	I	R	G	M	N	T	T	O	J	S
S	I	R	I	T	Ð	H	S	F	D	Í	X	T	B	A
T	F	U	H	R	A	N	N	I	P	R	F	S	A	Þ
I	T	K	Z	B	R	U	P	M	A	V	S	A	V	K
H	T	K	B	K	U	T	B	O	L	L	A	I	H	Ö
N	E	U	A	G	T	N	K	R	Y	D	D	S	A	N
C	V	W	S	H	A	U	J	R	O	F	N	O	D	N
C	S	Y	Ð	O	M	V	V	E	O	C	P	R	T	U
P	Z	O	Y	I	Þ	S	Í	S	S	K	Á	P	U	R

PINNAR
SKÁL
KETILL
FRYSTI
HNÍFA
KÖNNU
SKEIÐAR
KRYDD
SVAMPUR
OFN
FORKS
GRILL
AUSA
MATUR
KRUKKU
UPPSKRIFT
ÍSSKÁPUR
SERVÍETTA
SVUNTU
BOLLA

32 - Corps Humain

V	M	L	U	C	H	J	J	Þ	W	O	H	C	M	E
A	L	K	K	Ö	J	P	B	Z	W	W	Ö	S	A	O
R	K	I	Ö	F	A	A	A	D	É	Đ	F	T	G	I
I	Þ	L	H	O	R	N	R	U	N	N	U	M	I	D
R	K	I	Á	G	T	D	Y	U	H	D	Đ	Ó	L	B
H	N	E	F	J	A	L	E	A	G	O	B	N	L	O
Ú	B	H	S	G	K	I	Þ	H	D	N	Ö	H	Y	H
Đ	Ö	P	W	A	T	T	B	Á	H	Đ	I	E	Đ	I
U	Þ	X	M	K	O	M	H	L	Đ	E	C	F	X	A
O	I	O	L	K	T	S	I	S	H	O	Z	N	Y	J
V	N	Y	C	I	Z	C	B	F	T	Þ	B	D	U	M
I	Đ	M	P	Y	M	K	J	H	F	T	B	Đ	C	Đ
U	G	O	C	B	T	O	H	Đ	Q	W	G	N	C	R
M	Þ	X	F	E	G	Y	D	V	C	Q	W	T	J	X
T	Y	C	H	G	N	W	G	C	N	Đ	X	R	O	U

MUNNUR
HEILI
ÖKKLA
HÁLS
OLNBOGA
HJARTA
FINGUR
MAGI
ÖXL
HNÉ
VARIR
HÖND
KJÁLKA
HÖKU
NEF
EYRA
HÚÐ
BLÓÐ
HÖFUÐ
ANDLIT

33 - Biologie

R	I	Đ	Æ	R	F	T	T	T	G	W	O	A	I	B
X	Đ	W	L	J	Ó	S	T	I	L	L	Í	F	U	N
I	Æ	B	Đ	R	N	S	K	Z	L	O	X	C	M	X
F	R	U	M	A	M	U	R	F	A	G	U	A	T	P
B	F	Ý	W	N	Đ	V	N	E	G	A	L	L	O	K
A	A	S	D	N	Á	T	T	Ú	R	U	L	E	G	T
K	R	S	A	Đ	T	Z	X	U	E	S	A	G	N	Z
T	Æ	Q	V	M	I	U	M	K	N	Ó	M	T	I	A
E	F	I	B	M	B	R	W	Q	S	M	N	B	N	G
R	F	U	X	Đ	E	Ý	K	A	Í	S	X	Þ	T	N
Í	Í	Đ	X	K	B	B	L	S	M	O	E	Þ	I	U
U	L	H	O	R	M	Ó	N	I	I	W	F	L	L	Ó
R	S	Y	N	A	P	S	E	S	P	E	N	D	Ý	R
S	T	Ö	K	K	B	R	E	Y	T	I	N	G	T	Þ
G	R	M	K	P	R	Ó	T	Í	N	P	D	Y	A	I

LÍFFÆRAFRÆÐI
BAKTERÍUR
FRUMA
LITNING
KOLLAGEN
FRÆÐI
ENSÍM
ÞRÓUN
HORMÓN
SPENDÝR
STÖKKBREYTING
NÁTTÚRULEGT
TAUG
TAUGAFRUMA
OSMÓSU
LJÓSTILLÍFUN
PRÓTÍN
SKRIÐDÝR
SAMBÝLI
SYNAPSE

34 - Épices

K	P	S	V	S	L	I	N	A	K	L	J	R	E	G
A	I	A	A	Í	A	A	K	A	P	I	V	L	N	C
R	P	F	N	N	R	L	K	L	T	C	G	K	M	S
D	A	F	I	A	K	Þ	T	K	A	C	A	E	W	L
E	R	R	L	D	O	Ú	R	E	R	U	T	I	B	K
M	A	A	L	M	Y	T	M	A	Ú	Í	W	T	R	Ó
O	K	N	U	U	B	Z	U	E	S	Ð	S	Z	A	R
M	G	L	D	W	C	A	L	E	N	N	E	F	G	Í
M	I	J	H	V	Í	T	L	A	U	K	U	R	Ð	A
U	B	B	W	J	I	J	T	B	Ð	Ð	Q	Ý	N	N
X	S	L	E	C	Q	E	L	A	U	K	U	R	V	D
E	N	G	I	F	E	R	Þ	Þ	B	F	Y	R	E	E
B	H	R	L	P	A	P	R	I	K	A	W	A	B	R
Ð	R	U	O	Ð	R	Q	Z	W	C	L	Þ	K	P	K
K	R	Z	K	I	W	Z	I	S	M	Ú	S	K	A	T

SÚR
HVÍTLAUKUR
BITUR
ANÍS
KANIL
KARDEMOMMU
KÓRÍANDER
KÚMEN
KARRÝ
FENNEL
ENGIFER
MÚSKAT
LAUKUR
PAPRIKA
PIPAR
LAKKRÍS
SAFFRAN
BRAGÐ
SALT
VANILLU

35 - Agronomie

V	A	T	N	A	L	S	Ð	I	E	L	M	A	R	F
S	V	E	I	T	R	K	G	F	K	A	A	K	R	O
H	Y	N	N	Q	O	V	R	R	E	J	T	Q	U	R
Y	K	H	I	D	F	Ö	Æ	E	R	R	U	N	Ð	A
L	F	M	T	Ð	X	X	N	V	F	K	R	F	R	N
H	C	Ð	B	B	B	T	M	H	I	H	U	G	U	N
J	M	T	B	M	L	U	E	M	U	G	Ð	N	B	S
M	E	N	G	U	N	R	T	U	C	G	A	U	Á	Ó
Z	Z	U	T	Q	E	S	I	U	I	X	N	P	Q	K
A	N	Þ	T	Ð	Q	A	M	Ó	D	K	Ú	J	S	N
V	I	S	T	F	R	Æ	Ð	I	N	N	B	N	S	I
J	A	R	Ð	V	E	G	U	R	I	F	D	K	Á	R
N	Y	T	F	Ð	E	B	V	V	S	R	N	X	V	M
H	A	L	F	H	Ð	R	C	H	Í	Æ	A	Ð	O	P
L	S	Q	Y	F	A	M	F	V	V	H	L	H	D	H

LANDBÚNAÐUR
VÖXTUR
VATN
ÁBURÐUR
UMHVERFI
VISTFRÆÐI
ORKA
ROF
NÁM
FRÆ
GRÆNMETI
SJÚKDÓMA
MATUR
MENGUN
FRAMLEIÐSLA
RANNSÓKNIR
SVEIT
VÍSINDI
JARÐVEGUR
KERFI

36 - Vêtements

A	L	K	P	R	B	R	G	H	E	J	S	K	K	H
S	L	J	J	J	M	L	Q	E	Q	H	E	Y	Q	O
B	N	Đ	Q	Ó	H	A	T	T	U	R	G	J	Đ	P
Þ	E	Z	D	K	L	I	F	E	R	T	V	B	D	I
N	M	L	X	S	S	L	A	R	M	B	A	N	D	L
H	S	J	T	D	A	U	I	Þ	V	V	K	B	S	S
S	L	C	V	I	K	K	A	J	F	W	S	U	V	B
Y	Á	Đ	Þ	T	N	Þ	N	H	F	Đ	Í	X	U	L
K	H	X	H	H	A	N	S	K	A	H	T	U	N	Ú
Á	S	G	A	L	L	A	B	U	X	U	R	R	T	S
P	K	V	L	S	B	P	T	F	D	Q	P	Ó	U	S
U	Y	Z	I	W	C	E	I	J	C	R	E	J	K	A
I	R	V	X	Þ	V	Y	J	Z	R	E	V	G	N	S
D	T	J	F	P	L	S	N	Á	T	T	F	Ö	T	G
P	A	F	M	J	I	A	Q	Đ	P	J	A	F	Q	G

ARMBAND
BELTI
HATTUR
SKÓR
SKYRTA
BLÚSSA
HÁLSMEN
TREFIL
HANSKA
GALLABUXUR
PILS
KÁPU
TÍSKA
BUXUR
PEYSA
NÁTTFÖT
KJÓLL
SKÓ
SVUNTU
JAKKI

37 - Arts Visuels

A	X	E	U	F	J	K	Đ	K	N	L	T	H	T	D
L	R	K	G	T	P	D	O	V	L	I	Đ	D	L	Đ
S	I	K	N	E	T	B	S	I	A	S	G	T	A	Y
Æ	E	R	I	R	K	E	V	K	P	T	M	H	Q	H
L	L	E	N	T	L	W	U	M	I	A	E	Ö	C	Y
G	U	V	T	R	E	C	J	Y	N	M	I	G	L	A
G	G	L	E	O	V	K	D	N	R	A	S	G	A	C
J	N	Á	S	P	T	A	T	D	O	Đ	T	M	K	D
U	I	M	M	E	J	E	X	Ú	H	U	A	Y	K	I
R	N	X	A	P	E	N	N	I	R	R	R	N	I	X
K	Á	E	S	F	Q	W	Y	R	A	I	A	D	N	B
J	R	K	E	R	A	M	I	K	N	Đ	V	Q	C	Q
H	K	Í	X	U	K	O	L	I	Ó	C	E	T	V	H
E	S	V	T	C	Z	B	R	F	J	U	R	O	Y	D
B	L	Ý	A	N	T	U	R	R	S	Đ	K	T	P	W

ARKITEKTÚR
LEIR
LISTAMAÐUR
KERAMIK
KOL
MEISTARAVERK
GLÆSLA
VAX
SAMSETNINGU
KRÍT
BLÝANTUR
SKRÁNINGU
KVIKMYND
MÁLVERK
SJÓNARHORNI
PORTRET
HÖGGMYND
PENNI
LAKK

38 - Méditation

P	P	V	V	N	S	Y	T	J	O	Z	P	T	S	Z
X	S	A	K	U	J	Z	I	Y	D	Q	Q	Ó	K	K
T	A	K	H	G	Ó	Z	L	Q	P	K	K	N	Ý	Þ
E	H	A	J	U	N	L	F	S	N	Ö	F	L	R	A
V	D	N	B	H	A	P	I	W	A	T	A	I	L	K
G	C	D	D	T	R	S	N	C	R	M	L	S	E	K
C	W	I	W	A	H	N	N	A	Ú	A	Ú	T	I	L
Ð	A	X	Þ	N	O	L	I	T	T	S	H	Ð	K	Æ
F	G	J	U	D	R	O	N	A	T	Þ	B	E	I	T
S	U	Q	N	L	N	G	G	H	Á	B	T	A	X	I
V	H	M	G	E	I	N	A	Ð	N	Ö	N	D	U	N
F	N	M	Ö	G	V	V	R	U	Ð	I	R	F	P	Þ
D	C	R	Þ	T	S	A	M	Þ	Y	K	K	I	Z	B
G	Ó	Ð	V	I	L	D	A	T	H	Y	G	L	I	W
I	K	M	B	D	U	O	N	H	J	G	J	H	L	I

SAMÞYKKI
ATHYGLI
LOGN
SKÝRLEIKI
SAMÚÐ
HUGA
TILFINNINGAR
VAKANDI
GÓÐVILD
ÞAKKLÆTI
VENJA
ANDLEGT
SAMTÖK
TÓNLIST
NÁTTÚRAN
ATHUGUN
FRIÐUR
SJÓNARHORNI
ÖNDUN
ÞÖGN

39 - Littérature

B	O	T	B	X	L	Y	L	F	L	Z	S	B	K	L
L	Q	P	D	V	T	Ý	A	Í	N	F	T	H	M	J
Æ	V	I	S	A	G	A	S	V	K	Þ	Í	K	U	Ó
G	S	W	N	Ð	Ó	J	L	I	T	I	L	Q	U	Ð
R	Ö	G	N	A	Þ	L	E	Z	N	Þ	N	S	Q	R
E	G	R	Ð	T	K	E	H	S	L	G	E	G	N	Æ
I	U	F	Y	S	U	A	M	T	R	Z	C	N	A	N
N	M	M	Í	R	X	G	M	A	U	H	B	I	D	R
I	A	U	R	U	P	A	K	S	D	L	Á	K	S	U
N	Ð	T	F	Ð	S	S	U	A	N	R	K	Í	Y	T
G	U	E	H	I	E	D	M	S	U	Ð	Þ	L	M	K
I	R	H	Ð	N	W	L	R	G	F	T	O	D	D	A
Ð	Y	Y	Þ	F	F	Á	Æ	E	Ö	K	Q	N	T	T
Ð	X	Þ	D	B	X	K	Ð	A	H	M	Q	Y	V	B
E	R	E	D	Y	O	S	U	D	R	D	J	M	J	X

LÍKINGAR
GREINING
E.
HÖFUNDUR
ÆVISAGA
NIÐURSTAÐA
LÝSING
UMRÆÐU
SKÁLDSKAPUR
MYNDLÍKING
SÖGUMAÐUR
LJÓÐ
LJÓÐRÆN
RÍM
SKÁLDSAGA
TAKTUR
STÍL
ÞEMA

40 - Nourriture #1

S	H	X	L	R	E	B	R	A	Đ	R	A	J	W	T
G	A	V	E	R	Z	A	S	H	P	U	F	N	I	Ú
N	P	L	Í	D	B	S	I	Đ	Y	E	B	I	I	N
P	Æ	I	T	T	Þ	I	I	D	H	C	J	J	K	F
K	N	N	A	A	L	L	K	B	I	R	K	J	O	I
A	Þ	A	L	N	U	A	Đ	C	L	B	H	W	Đ	S
T	Þ	K	A	Í	R	Đ	U	N	Ó	R	T	Í	S	K
R	S	Q	S	P	S	X	U	K	I	G	I	L	D	U
H	G	V	W	S	M	A	H	P	U	W	V	B	V	R
S	Ú	P	A	V	H	B	F	X	T	R	U	K	Y	S
K	J	Ö	T	A	V	D	U	A	I	L	B	A	V	X
I	A	N	Đ	S	T	Đ	J	T	T	C	Y	F	A	S
P	E	R	A	O	L	A	U	K	U	R	G	F	V	G
G	U	L	R	Ó	T	M	J	Ó	L	K	G	I	Y	Đ
P	E	J	I	I	K	V	H	Þ	L	Y	C	H	C	G

HVÍTLAUKUR
BASIL
KAFFI
KANIL
GULRÓT
SÍTRÓNU
SPÍNAT
JARÐARBER
SAFA
MJÓLK
NÆPA
LAUKUR
BYGG
PERA
SALAT
SALT
SÚPA
SYKUR
TÚNFISKUR
KJÖT

41 - Jours et Mois

F	M	A	M	A	R	S	P	Q	M	B	D	O	F	O
N	I	Á	P	L	A	U	G	A	R	D	A	G	U	R
Ó	Þ	M	N	R	U	G	A	D	U	N	N	U	S	D
V	R	S	M	U	Í	X	C	Q	N	F	F	R	R	A
E	I	E	Q	T	D	L	R	Q	Z	M	V	U	W	G
M	Ð	P	M	O	U	A	U	Z	R	Q	J	G	N	A
B	J	T	D	K	W	D	G	J	A	N	Ú	A	R	T
E	U	E	M	T	N	P	A	U	Q	Þ	L	D	U	A
R	D	M	Á	Ó	I	B	D	G	R	G	O	U	I	L
S	A	B	G	B	H	Q	U	V	U	P	L	K	J	N
O	G	E	Ú	E	J	F	T	J	Ð	R	G	I	Ú	Þ
D	U	R	S	R	Ú	D	S	A	U	Q	A	V	L	V
C	R	T	T	U	N	J	Ö	X	N	S	P	Ð	Í	I
J	Ð	Q	N	S	Í	C	F	K	Á	D	Y	I	Z	K
S	Z	F	E	B	R	Ú	A	R	M	R	R	M	T	A

ÁGÚST
APRÍL
DAGATAL
SUNNUDAGUR
FEBRÚAR
JANÚAR
FIMMTUDAGUR
JÚLÍ
JÚNÍ
MÁNUDAGUR
ÞRIÐJUDAGUR
MARS
MIÐVIKUDAGUR
MÁNUÐUR
NÓVEMBER
OKTÓBER
LAUGARDAGUR
VIKA
SEPTEMBER
FÖSTUDAGUR

42 - Jardinage

D	Æ	Y	C	F	L	N	A	F	S	W	E	H	Q	P
A	F	R	A	M	A	N	D	I	L	C	I	U	L	L
Y	X	L	F	S	M	Í	N	K	Ö	F	O	C	T	L
V	A	T	N	B	Ó	L	Ö	D	N	U	G	E	T	L
O	P	I	N	T	L	Á	V	T	G	A	Æ	T	U	R
Y	J	M	T	J	B	T	H	V	U	L	Y	T	X	U
B	Þ	S	V	S	Ð	T	W	V	N	V	T	V	C	G
A	O	B	W	S	R	B	E	F	A	L	K	B	K	E
M	X	T	Ó	H	R	E	I	N	I	N	D	I	F	V
A	O	R	A	F	R	U	Ð	E	V	R	F	K	F	Ð
U	Q	L	E	N	B	L	Ó	M	S	T	R	A	Þ	R
R	I	R	T	E	I	Y	Z	G	B	L	V	R	T	A
P	Q	Y	Ð	A	B	C	E	Ð	Ð	L	E	Y	Þ	J
C	U	Y	R	U	Ð	R	A	G	N	I	D	L	A	C
X	M	E	G	K	G	G	F	L	C	M	Þ	N	M	R

BOTANICAL
VÖND
VEÐURFAR
ÆTUR
MOLTA
VATN
TEGUND
FRAMANDI
SM
LAUF
BLÓMSTRA
BLÓMA
FRÆ
RAKI
ÍLÁT
OPIN
ÓHREININDI
JARÐVEGUR
SLÖNGUNA
ALDINGARÐUR

43 - Entreprise

A	V	Þ	P	Þ	U	V	Z	R	R	A	S	C	B	T
F	Q	V	T	U	J	Đ	I	M	S	K	R	E	V	G
S	O	A	I	S	V	V	H	Đ	S	L	L	H	R	Y
L	H	R	U	J	K	E	T	N	S	P	O	V	U	I
Á	E	N	H	T	N	X	Z	F	X	K	K	O	Đ	K
T	Q	I	Đ	Æ	R	F	G	A	H	O	I	L	A	Æ
T	N	N	F	J	Á	R	M	Á	L	Y	Z	P	N	T
U	U	G	L	I	R	E	F	K	P	X	P	W	T	R
R	E	I	R	U	Đ	A	M	S	F	R	A	T	S	I
S	K	A	T	T	A	R	G	Y	J	T	T	J	O	R
H	F	Q	Y	F	C	D	B	N	P	V	Þ	O	K	Y
H	F	J	Á	R	F	E	S	T	I	N	G	B	U	F
S	K	R	I	F	S	T	O	F	A	N	Q	J	Ú	L
H	A	G	N	A	Đ	U	R	P	V	M	E	O	Y	Đ
S	Ö	L	U	O	M	Y	N	T	I	Z	W	P	A	M

PENINGAR
BÚÐ
SKRIFSTOFA
FERIL
KOSTNAÐUR
MYNT
STARFSMAÐUR
FYRIRTÆKI
HAGFRÆÐI
FJÁRMÁL
SKATTAR
FJÁRFESTING
VARNINGI
HAGNAÐUR
TEKJUR
AFSLÁTTUR
VIÐSKIPTI
VERKSMIÐJU
SÖLU

44 - Activités

Á	T	Í	M	I	S	T	G	A	L	D	U	R	V	H
H	Þ	S	A	J	K	R	Y	Ð	R	A	G	U	I	H
U	T	H	I	G	K	E	I	Æ	C	L	A	T	R	E
G	W	Ð	A	L	T	X	J	J	G	N	O	S	K	J
A	U	K	Ð	N	I	F	I	T	Z	U	T	E	N	G
M	F	Þ	I	Ð	D	S	W	Ú	Á	D	T	L	I	M
Á	L	J	E	Þ	X	V	T	D	O	N	R	Y	W	Y
L	E	Q	V	D	G	B	E	K	Q	Y	Æ	Ð	Ð	M
M	I	Ð	I	E	V	Y	D	R	T	M	K	G	M	B
N	K	I	M	A	R	E	K	E	K	S	R	E	J	G
P	I	N	E	Y	G	R	Z	V	P	Ó	G	E	M	A
D	R	F	S	J	A	V	T	L	J	J	L	T	Ð	A
M	E	Æ	Q	M	B	T	K	Á	M	L	R	Ð	P	Þ
V	J	H	J	A	C	D	O	M	S	L	Ö	K	U	N
T	Þ	W	Z	W	S	A	U	M	A	K	T	Q	R	N

VIRKNI
LIST
HANDVERK
ÚTJÆÐA
KERAMIK
VEIÐA
HÆFNI
SAUMA
ÁHUGAMÁL
GARÐYRKJA
LEIKIR
LESTUR
TÍMIST
GALDUR
MÁLVERK
VEIÐI
LJÓSMYNDUN
ÁNÆGJA
SLÖKUN

45 - Mode

H	J	T	S	M	Þ	Á	T	Q	M	D	L	L	O	E
A	Z	O	T	Ð	T	F	Þ	L	S	F	V	Æ	R	I
G	D	X	E	V	K	E	S	N	U	O	K	G	I	N
K	G	A	F	Y	F	R	Æ	V	G	Ó	H	S	G	F
V	R	Ð	N	O	Y	Ð	A	I	R	Y	U	T	I	A
Æ	F	D	A	P	P	A	N	H	L	I	E	U	N	L
M	M	R	Ð	L	I	M	A	C	D	Ý	R	R	L	T
Ú	N	Ú	T	Í	M	A	M	I	E	R	X	U	E	F
B	T	R	Þ	T	G	E	L	I	G	Æ	Þ	J	G	A
R	Ý	S	H	S	B	O	N	W	N	A	P	Z	T	T
M	N	K	A	T	H	Y	D	O	N	F	G	U	D	N
O	G	Ð	Þ	U	X	L	Q	A	O	Ð	E	F	I	A
L	A	Y	X	Z	M	B	O	U	T	I	Q	U	E	Ð
T	H	C	X	A	R	U	G	E	L	I	S	Æ	L	G
G	Þ	F	M	Þ	K	X	R	U	T	S	N	Y	M	W

HAGKVÆM
BOUTIQUE
HNAPPA
ÚTSAUMUR
DÝR
ÞÆGILEGT
REIMA
GLÆSILEGUR
LÆGSTUR
NÚTÍMA
HÓGVÆR
MYNSTUR
ORIGINLEGT
HAGNÝT
EINFALT
STÍL
STEFNA
ÁFERÐ
EFNI
FATNAÐ

46 - Fleurs

Á	Y	F	X	Đ	F	U	S	M	Ó	L	B	L	Ó	S
R	S	C	C	Z	Q	D	S	A	H	A	F	L	B	Þ
P	I	T	U	W	B	N	S	G	I	D	N	Í	Y	S
F	A	H	R	F	O	T	M	N	B	I	Z	L	P	T
Í	D	O	Q	Í	K	F	Á	O	I	G	D	A	Y	U
F	L	I	L	Y	Đ	B	R	L	S	J	T	G	N	Đ
I	D	Q	E	Q	A	U	I	I	C	Y	P	P	O	P
L	Z	R	O	Đ	L	R	B	A	U	Q	L	S	E	H
L	K	I	K	I	B	D	Ó	L	S	R	U	P	P	W
Q	B	A	L	T	U	B	F	S	Ó	R	M	K	N	A
Z	W	J	Y	O	N	E	I	L	E	M	E	C	T	W
T	H	A	A	G	Ó	S	V	V	U	D	R	M	T	P
G	Đ	U	S	A	R	N	Ö	H	Y	Đ	I	Q	Z	F
W	Q	L	N	G	K	E	N	I	M	S	A	J	P	R
T	Ú	L	I	P	A	N	D	I	H	C	R	O	G	R

VÖND
TOGA
HIBISCUS
JASMINE
LÍLA
LILY
MAGNOLIA
DAISY
ORCHID
ÁSTRÍÐUBLÓM
POPPY
KRÓNUBLAÐ
FÍFILL
PEONY
PLUMERIA
RÓS
SÓLBLÓM
SMÁRI
TÚLIPAN

47 - Nourriture #2

S	F	S	B	C	G	C	S	C	L	T	A	M	Ó	T
W	V	Z	A	M	W	H	P	W	S	K	V	A	I	K
E	M	E	G	X	J	E	E	Z	K	Í	Í	N	R	I
G	Ö	K	P	Đ	U	A	R	B	I	V	N	G	J	R
G	N	J	N	P	W	Y	G	X	N	Í	B	Ó	H	S
Z	L	Ú	U	O	I	O	I	P	K	O	E	F	R	U
B	U	K	A	V	Đ	R	L	T	A	Í	R	Y	Í	B
N	Þ	L	G	U	A	U	K	G	I	R	X	R	S	E
D	W	I	A	C	L	K	Á	B	U	E	M	M	G	R
X	W	N	K	Y	U	S	L	A	Đ	L	V	U	R	Q
Z	V	G	Q	Q	K	I	N	N	N	L	U	H	J	Y
A	F	U	U	I	K	F	E	A	W	E	P	L	Ó	O
M	G	R	M	I	Ú	L	P	N	U	S	G	R	N	Z
D	D	X	X	G	S	N	L	I	I	M	P	N	P	U
Þ	M	P	S	C	F	N	I	D	L	A	G	G	E	U

MÖNLU
EGGALDIN
BANANI
HVEITI
SPERGILKÁL
KIRSUBER
SELLERÍ
SVEPPIR
SÚKKULAÐI
SKINKA
KÍVÍ
MANGÓ
EGG
BRAUÐ
FISKUR
EPLI
KJÚKLINGUR
VÍNBER
HRÍSGRJÓN
TÓMAT

48 - Algèbre

S	I	U	V	B	W	Q	F	S	V	S	A	X	T	Q
K	A	L	Ú	M	R	O	F	Þ	C	B	R	O	T	O
Ý	G	Y	S	Þ	G	E	L	U	N	Í	L	Q	Þ	T
R	I	Z	N	U	O	A	Y	N	D	Z	Đ	V	F	E
I	V	A	I	E	L	A	J	T	N	Ú	L	L	R	A
N	S	Ó	I	E	Á	E	L	G	A	X	D	S	Á	W
G	I	H	E	J	M	W	Z	N	A	K	T	C	D	M
A	F	X	A	N	A	D	L	A	F	N	I	E	R	A
R	K	M	E	G	D	S	I	R	A	O	X	U	Á	G
M	F	G	S	E	N	A	T	I	R	F	Y	H	T	N
Y	F	K	Þ	L	A	N	N	K	G	N	N	X	T	Đ
N	Þ	T	I	A	V	F	Đ	L	Þ	J	Ú	K	U	T
D	P	S	W	U	N	A	P	Y	E	Z	B	M	R	V
O	U	U	E	S	M	J	X	F	B	G	Y	O	E	F
G	O	T	L	N	Þ	Á	T	T	U	R	A	K	N	R

SKÝRINGARMYND
JAFNA
ÞÁTTUR
RANGT
FORMÚLA
BROT
GRAF
ÓENDANLEGA
LÍNULEG
FYLKI
NÚMER
SVIGA
VANDAMÁL
MAGN
EINFALDA
LAUSN
FRÁDRÁTTUR
BREYTA
NÚLL

49 - Océan

H	R	M	K	S	K	J	A	L	D	B	A	K	A	C
I	B	B	A	R	K	L	O	K	I	Y	Þ	F	Ð	E
B	D	H	N	R	Á	N	K	Z	E	H	E	P	Þ	Ð
B	A	U	P	U	G	L	M	I	J	Á	R	V	Þ	V
A	G	I	Z	G	D	L	L	S	H	K	Æ	I	T	E
R	E	H	Ð	N	W	A	Y	H	R	A	K	K	Ð	T
K	M	A	C	U	R	R	Q	T	H	R	J	P	Þ	Ú
K	R	K	D	R	U	Ó	D	L	T	L	A	V	A	N
E	H	P	Q	F	K	K	J	O	H	A	H	P	N	F
P	Þ	V	W	Ö	S	A	L	T	F	K	Z	M	G	I
A	V	M	A	H	I	J	Y	J	I	B	X	A	Þ	S
C	R	K	M	L	F	S	T	O	R	M	U	R	C	K
E	M	W	Y	R	U	T	Á	B	P	E	Z	T	Þ	U
Ö	L	D	U	R	E	R	U	P	M	A	V	S	P	R
U	F	P	G	P	Y	Q	O	H	A	O	R	O	Þ	J

ÞANG
ÁLL
HVALUR
BÁTUR
KÓRALL
KRABBI
RÆKJA
HÖFRUNGUR
SVAMPUR
OSTRA
MARGLYTTA
FISKUR
KOLKRABBI
HÁKARL
RIF
SALT
STORMUR
TÚNFISKUR
SKJALDBAKA
ÖLDUR

50 - Antiquités

H	D	G	C	M	Ó	E	N	F	M	Z	G	M	G	H
U	X	P	P	A	Y	V	M	U	E	V	A	Á	A	Ö
E	H	Q	U	C	B	N	E	X	X	P	M	L	L	G
V	I	R	Đ	I	D	J	T	N	T	I	A	V	L	G
H	Ú	S	G	Ö	G	N	X	R	J	H	L	E	E	M
G	L	Æ	S	I	L	E	G	U	R	U	L	R	R	Y
F	J	Á	R	F	E	S	T	I	N	G	L	K	Í	N
R	A	B	E	U	J	W	S	Đ	Đ	K	Í	E	J	D
S	K	H	T	T	Q	K	I	Æ	Đ	S	T	U	G	A
U	P	P	B	O	Đ	B	L	G	Y	O	S	Ö	V	T
S	R	I	P	I	R	G	T	R	A	K	S	L	D	T
N	B	Y	V	Y	E	A	T	R	X	T	Z	D	M	K
D	U	L	F	Đ	V	P	D	L	J	A	K	R	B	E
S	S	K	R	E	Y	T	I	N	G	A	R	E	K	E
E	N	D	U	R	R	E	I	S	N	Þ	Z	A	K	B

LIST
EKTA
SKARTGRIPIR
SKREYTINGAR
UPPBOÐ
GLÆSILEGUR
GALLERÍ
ÓVENJULEGT
FJÁRFESTING
HÚSGÖGN
MÁLVERK
MYNT
VERÐ
GÆÐI
ENDURREISN
HÖGGMYND
ÖLD
STÍL
VIRÐI
GAMALL

51 - Boxe

B	N	O	Z	Z	A	D	Z	B	R	D	E	G	O	M
B	Ú	L	Í	K	A	M	I	A	E	G	H	F	N	Ó
I	Q	I	H	T	R	R	L	T	I	N	F	Æ	H	T
Á	O	Ð	N	V	X	C	D	A	P	F	O	B	W	M
N	V	L	U	N	K	Z	Z	S	I	L	B	A	A	Æ
Z	X	E	N	E	M	J	O	X	K	J	G	R	F	L
V	Z	G	R	B	Z	M	P	I	I	Ó	Ð	D	Þ	A
Z	D	Y	O	K	O	L	F	M	M	T	N	A	U	N
G	D	T	H	H	A	G	Þ	W	G	U	C	G	Þ	D
C	Þ	H	Q	Ð	K	R	A	T	H	R	O	A	M	I
T	Ð	R	U	K	R	Y	T	S	T	I	G	M	H	W
Q	T	V	K	E	A	L	L	A	J	B	L	A	Ð	O
Þ	X	H	Ö	P	P	H	A	N	S	K	A	Ð	S	V
J	X	G	H	O	S	U	K	Ó	F	V	X	U	X	A
T	D	Ó	M	A	R	I	H	N	E	F	I	R	G	A

MÓTMÆLANDI
DÓMARI
ÁVERKAR
BJALLA
HORN
BARDAGAMAÐUR
HÆFNI
FÓKUS
REIPI
LÍKAMI
OLNBOGA
SPARKA
BÚINN
STYRKUR
HANSKA
HÖKU
HNEFI
STIG
FLJÓTUR
BATA

52 - Réchauffement Climatique

R	Þ	G	A	R	K	T	Í	S	K	U	R	Z	G	N
A	Í	R	A	Ú	B	Í	F	P	C	Z	J	K	Ö	Ú
F	K	K	Ó	S	P	N	I	U	L	B	C	Y	G	N
R	R	P	I	U	R	C	A	C	Þ	D	A	N	N	A
U	E	P	L	S	N	Q	R	I	Ð	Æ	V	S	Ú	B
Ð	P	B	G	M	S	Q	J	N	F	A	F	L	I	H
E	P	V	Y	Ð	Í	T	M	A	R	F	B	Ó	Ð	I
V	A	B	H	D	F	Ö	J	G	G	Ö	L	Ð	N	T
B	L	L	T	T	J	U	B	Ó	V	Þ	N	I	A	A
I	E	J	A	N	V	R	U	S	R	O	A	R	Ð	S
U	M	H	V	E	R	F	I	S	B	N	O	U	U	T
K	Y	E	S	Z	H	E	C	B	K	Q	R	U	R	I
K	B	E	G	J	P	Q	C	E	Y	E	K	G	V	G
V	U	T	G	E	L	Ð	Ó	J	Þ	L	A	V	L	W
S	P	K	V	Í	S	I	N	D	A	M	A	Ð	U	R

ARKTÍSKUR
ATHYGLI
VEÐURFAR
KREPPA
ÞRÓUN
GÖGN
UMHVERFIS
ORKA
FRAMTÍÐ
GAS
KYNSLÓÐIR
RÍKISSTJÓRN
BÚSVÆÐI
IÐNAÐUR
ALÞJÓÐLEG
LÖGGJÖF
NÚNA
ÍBÚA
VÍSINDAMAÐUR
HITASTIG

53 - Ballet

L	D	Q	A	M	R	T	S	I	L	N	Ó	T	Á	B
L	Ó	A	V	Ð	Ö	V	Ó	S	L	Z	X	G	H	Q
U	Á	F	N	U	Q	Q	L	T	I	S	G	E	O	N
R	T	T	A	S	Q	Þ	Ó	Í	S	Æ	M	L	R	D
H	P	T	B	K	A	A	W	L	T	F	A	R	F	I
Ð	E	B	I	R	L	R	K	B	R	I	Q	A	E	U
H	Æ	F	N	I	A	A	A	R	Æ	N	U	N	N	X
T	Æ	K	N	I	U	G	P	R	N	G	G	G	D	U
S	I	V	C	A	Þ	Þ	Ð	P	N	V	G	I	U	J
B	A	L	L	E	R	Í	N	A	L	H	Z	T	R	L
T	Ó	N	S	K	Á	L	D	U	N	B	X	F	U	B
U	Ð	C	C	H	L	J	Ó	M	S	V	E	I	T	O
S	T	Y	R	K	L	E	I	K	I	P	F	G	K	Z
K	Ó	R	E	Ó	G	R	A	F	G	R	K	X	A	O
W	F	S	V	I	P	M	I	K	I	L	L	T	T	D

LÓFAKLAPP
LISTRÆNN
BALLERÍNA
KÓREÓGRAF
HÆFNI
TÓNSKÁLD
DANSARAR
SVIPMIKILL
LÁTBRAGÐ
TIGNARLEGT
STYRKLEIKI
VÖÐVA
TÓNLIST
HLJÓMSVEIT
ÁHORFENDUR
ÆFING
TAKTUR
SÓLÓ
STÍL
TÆKNI

54 - Fruit

Y	Y	A	G	D	S	S	Q	A	Z	Þ	K	F	I	M
L	A	N	U	M	Í	K	G	N	G	J	N	S	Þ	J
V	Y	Í	A	L	T	T	B	A	Y	I	E	B	E	R
D	A	S	V	S	R	E	B	N	Í	V	N	P	Q	U
K	P	L	A	Y	Ó	U	V	A	L	K	I	Y	L	Z
P	A	E	V	D	N	Y	M	S	B	S	R	Þ	V	I
U	P	P	R	E	U	Y	P	E	S	P	A	A	O	N
M	B	P	E	A	J	K	S	R	E	F	T	V	Y	A
R	Ð	A	B	M	E	L	Ó	N	A	Þ	C	Ó	E	N
W	Ð	U	U	Þ	H	J	Q	M	B	K	E	K	I	A
H	U	A	S	Ó	K	Í	R	P	A	N	N	A	B	B
M	U	J	R	E	B	D	N	I	H	N	P	D	S	L
B	T	N	I	Ð	D	B	N	D	Q	E	G	Ó	J	X
H	D	C	K	C	F	B	B	K	B	E	B	Ó	P	Y
K	Í	V	Í	S	F	W	X	G	V	F	A	I	A	R

APRÍKÓSA
ANANAS
AVÓKADÓ
BER
BANANI
KIRSUBER
SÍTRÓNU
MYND
HINDBERJUM
GUAVA
KÍVÍ
MANGÓ
MELÓNA
NECTARINE
APPELSÍNA
PAPAYA
FERSKJA
PERA
EPLI
VÍNBER

55 - Météo

R	R	Ó	A	F	M	Þ	X	D	G	S	Þ	H	I	V
E	W	A	G	E	Q	Þ	I	X	B	T	Ó	I	I	E
G	D	A	H	L	F	U	N	S	L	J	K	M	A	Đ
N	S	A	Y	L	B	R	E	Ú	S	Ó	A	I	L	U
B	Í	K	I	I	V	R	A	N	S	R	F	N	V	R
O	B	B	Ý	B	I	K	S	N	K	N	A	N	I	F
G	P	D	B	Y	Q	A	E	F	Z	M	O	E	N	A
I	J	K	F	L	G	R	V	K	D	Á	O	M	D	R
W	R	K	I	U	I	R	Þ	R	L	L	C	A	U	J
Þ	M	I	V	R	T	V	Z	R	A	L	O	P	R	K
Đ	E	O	G	I	S	G	M	J	U	K	M	N	Đ	W
E	A	I	O	D	A	N	R	O	T	M	T	W	X	W
E	K	I	L	J	T	N	G	S	P	Y	U	Đ	Q	E
J	N	L	A	C	I	P	O	R	T	G	B	R	B	F
Þ	U	R	R	T	H	S	T	O	R	M	U	R	B	M

REGNBOGI
STJÓRNMÁL
GOLA
ÞÓKA
RÓA
HIMINN
VEÐURFAR
ÍS
MONSÚN
SKÝ
FELLIBYLUR
POLAR
ÞURRT
ÞURRKAR
HITASTIG
STORMUR
ÞRUMUR
TORNADO
TROPICAL
VINDUR

56 - L'Entreprise

S	P	F	A	G	L	E	G	U	R	Þ	X	T	E	A
H	K	I	Ð	N	A	Ð	U	R	Á	R	C	E	I	U
F	R	A	J	Ý	N	T	G	K	K	Ó	A	K	N	Ð
H	X	G	P	A	J	S	Þ	Y	V	U	T	J	I	L
F	B	X	S	A	J	F	S	N	Ö	N	V	U	N	I
M	J	H	O	F	N	J	K	N	R	R	I	R	G	N
V	F	Á	L	A	A	D	W	I	Ð	N	N	P	A	D
Ö	R	L	R	V	K	B	I	N	U	A	N	Ð	R	I
R	A	B	O	F	I	Y	Þ	G	N	C	A	M	A	R
U	M	P	R	S	E	V	I	Ð	S	K	I	P	T	I
Y	F	I	Ð	M	L	S	Y	C	X	S	Ð	D	T	K
M	A	Y	S	A	U	I	T	Þ	F	G	Æ	K	Æ	V
R	R	C	P	H	G	U	Þ	I	S	W	G	S	H	Y
Þ	I	F	O	Q	Ö	Y	Z	P	N	A	I	N	Á	Þ
S	R	U	R	S	M	S	Þ	Y	N	G	D	S	Ð	L

VIÐSKIPTI
SKAPANDI
ÁKVÖRÐUN
ATVINNA
IÐNAÐUR
NÝJAR
FJÁRFESTING
MÖGULEIKA
KYNNING
VÖRU
FAGLEGUR
FRAMFARIR
GÆÐI
AUÐLINDIR
TEKJUR
ORÐSPOR
ÁHÆTTA
ÞRÓUN
EININGAR

57 - Gouvernement

U	L	T	C	Þ	O	W	P	X	I	W	A	N	S	B
Ð	I	Á	M	D	J	L	Ý	Ð	R	Æ	Ð	I	J	O
Æ	T	K	D	V	K	Ó	V	Z	S	A	Æ	E	Á	R
R	T	N	J	Ð	I	J	Ð	W	I	C	R	Y	L	G
C	É	F	R	E	L	S	I	L	Ð	G	M	L	F	A
I	R	T	J	S	V	G	K	L	E	Þ	U	Á	S	R
C	N	R	T	P	U	S	Í	Ð	Q	G	E	M	T	A
N	F	R	Z	I	K	Þ	R	Þ	E	E	U	N	Æ	L
K	A	X	W	D	N	F	J	X	Q	O	Ð	R	Ð	E
N	J	P	Y	A	J	D	Z	Ó	V	L	Y	Ó	I	G
S	J	Y	J	F	U	O	I	D	Ð	Ö	O	J	M	A
F	R	I	Ð	S	Æ	L	T	Ó	U	G	C	T	Æ	O
R	É	T	T	L	Æ	T	I	M	U	Þ	G	S	D	J
Þ	R	F	I	K	R	E	M	S	I	N	N	I	M	R
S	T	J	Ó	R	N	A	R	S	K	R	Á	R	U	X

BORGARALEG
STJÓRNARSKRÁ
LÝÐRÆÐI
RÆÐU
UMRÆÐA
UMDÆMI
RÉTTINDI
JAFNRÉTTI
RÍKI
SJÁLFSTÆÐI
DÓMS
RÉTTLÆTI
FRELSI
LÖG
MINNISMERKI
ÞJÓÐ
ÞJÓÐLEGUR
FRIÐSÆLT
STJÓRNMÁL
TÁKN

58 - Randonnée

V	M	S	V	R	A	I	Þ	P	F	P	K	J	R	B
U	F	K	C	G	Y	H	K	R	B	J	P	Þ	J	J
S	N	A	R	Ú	T	T	Á	N	E	M	A	Z	M	A
T	U	D	Đ	T	R	G	B	E	B	Y	U	L	D	R
E	K	O	I	K	O	N	A	Đ	Æ	J	T	Ú	L	G
I	R	Þ	U	R	K	U	P	L	F	M	L	T	M	P
N	Ö	K	C	U	B	Þ	Y	G	U	G	L	T	U	T
A	M	U	Đ	Đ	O	Ú	T	Q	Đ	N	I	R	N	R
R	U	L	I	E	P	V	N	X	W	M	V	E	I	U
Y	N	É	U	V	C	V	K	I	Q	Q	Q	S	D	Đ
M	F	V	A	T	N	V	Y	E	N	O	H	B	N	R
P	E	G	V	G	Þ	L	X	Đ	C	G	X	Y	U	A
G	T	Í	V	E	Đ	U	R	F	A	R	U	U	F	G
O	S	T	F	G	B	D	Ý	R	B	G	Z	R	W	B
L	Ó	S	L	E	I	Đ	S	Ö	G	U	M	E	N	N

DÝR
STÍGVÉL
ÚTJÆÐA
KORT
VEÐURFAR
VATN
BJARG
ÞREYTTUR
LEIÐSÖGUMENN
ÞUNGT
VEÐUR
FJALL
NÁTTÚRAN
STEFNUMÖRKUN
GARÐUR
STEINAR
UNDIRBÚNINGUR
VILLT
SÓL
FUNDINUM

59 - Nutrition

B	R	A	G	Đ	N	U	J	A	K	Þ	V	A	M	H
A	W	Y	L	I	N	X	J	S	O	G	I	H	A	I
K	R	U	Đ	G	I	R	B	L	I	E	H	K	T	T
M	O	Ó	G	N	Đ	U	X	I	Đ	E	G	R	A	A
R	E	L	L	J	Æ	T	P	E	Æ	I	E	Y	R	E
N	A	L	V	E	G	I	K	H	R	T	R	D	L	I
V	V	A	T	E	G	B	X	W	A	U	J	D	Y	N
U	Đ	V	A	I	T	U	E	Y	T	R	U	W	S	I
J	I	L	G	B	N	N	R	F	A	E	N	W	T	N
I	K	F	D	Đ	K	G	I	Þ	M	F	Í	U	N	G
P	R	Ó	T	E	I	N	E	Y	Æ	N	M	L	V	A
D	Y	Þ	T	Đ	W	Đ	F	N	T	I	A	R	G	R
Y	T	L	T	D	S	E	R	G	U	E	T	G	D	I
J	Đ	V	M	G	I	Þ	A	D	R	D	Í	W	S	A
S	Ó	S	A	V	K	Ö	V	Q	V	T	V	I	B	G

BITUR
MATARLYST
HITAEININGAR
ÆTUR
MATARÆÐI
MELTING
KRYDD
RÓLEGUR
GERJUN
KOLVETNI
VÖKVA
ÞYNGD
PRÓTEIN
GÆÐI
HEILBRIGÐUR
HEILSA
SÓSA
BRAGÐ
EITUREFNI
VÍTAMÍN

60 - Science Fiction

D	L	C	N	K	G	B	G	N	W	C	S	V	V	L
A	H	K	W	D	A	Đ	Æ	A	K	L	K	R	É	O
Í	E	X	T	R	E	M	E	K	L	T	M	T	L	T
P	F	R	Á	B	Æ	R	X	X	U	A	P	D	M	U
Ó	Ú	T	Ó	P	Í	A	Y	B	Z	R	X	C	E	K
T	T	N	R	S	G	P	E	L	A	Ð	R	Y	N	E
S	K	R	U	R	U	P	N	E	E	Đ	B	R	N	R
Y	P	Y	M	Đ	A	U	D	K	L	V	F	Đ	I	F
D	K	R	I	A	P	E	A	K	D	C	P	E	C	I
Y	X	Đ	E	D	U	M	B	I	U	Z	W	C	H	N
T	F	Æ	H	N	U	A	R	N	R	Z	Z	R	B	U
S	P	G	Q	Y	G	M	Z	G	P	J	Þ	K	X	A
G	F	Z	W	M	J	I	N	K	Æ	T	D	Þ	J	V
C	Q	F	H	Í	A	U	N	V	É	F	R	É	T	T
M	B	I	I	F	N	M	J	G	F	B	W	E	M	T

LOTUKERFINU
DYSTÓPÍA
SPRENGING
EXTREME
FRÁBÆR
ELDUR
GALAXY
BLEKKING

ÍMYNDAÐ
BÆKUR
HEIMUR
VÉFRÉTT
RAUNHÆFT
VÉLMENNI
TÆKNI
ÚTÓPÍA

61 - Vertus #1

Á	B	N	J	H	M	S	G	Y	F	Đ	Þ	H	L	D
N	R	U	T	Á	L	R	Ö	Ó	Đ	J	M	A	I	Y
C	U	A	U	P	S	L	J	W	Đ	Q	B	G	S	R
W	K	V	U	I	Đ	J	B	S	X	U	Đ	N	T	U
G	R	I	U	Đ	B	S	Ú	J	I	X	R	Ý	R	L
I	I	T	T	R	A	E	Đ	K	Z	M	H	T	Æ	L
Ö	V	U	T	L	B	S	D	U	L	Đ	Đ	P	N	U
R	L	R	I	U	O	Đ	T	S	S	I	T	E	N	F
U	I	D	N	A	R	E	G	F	A	D	N	T	X	U
G	K	G	R	E	I	N	D	U	R	N	I	G	N	Đ
G	S	H	D	C	L	L	B	K	U	Y	E	L	U	Í
U	I	G	L	H	Q	F	Q	M	Đ	F	R	L	C	R
R	Æ	V	G	Ó	H	Þ	V	V	Á	T	H	V	C	T
F	O	R	V	I	T	I	N	N	H	Y	K	F	Z	S
H	E	I	L	L	A	N	D	I	Ó	Y	E	Þ	Z	Á

LISTRÆNN
GÓÐUR
HEILLANDI
ÖRUGGUR
FORVITINN
AFGERANDI
FYNDIÐ
SKILVIRKUR
ÁRAUÐAST
ÖRLÁTUR
ÓHÁÐUR
GREINDUR
HÓGVÆR
ÁSTRÍÐUFULLUR
SJÚKLINGUR
HAGNÝT
HREINT
VITUR

62 - Professions #1

S	K	A	X	Z	N	Þ	Þ	U	B	I	Q	B	F	M
E	Þ	F	B	I	R	Ó	J	T	S	A	K	N	A	B
N	E	H	L	O	Þ	R	Á	V	Þ	R	K	D	S	V
D	S	N	A	I	I	J	L	V	G	C	J	T	X	R
I	Á	V	D	R	O	Y	F	R	V	L	B	X	Y	R
H	L	É	R	U	X	G	A	L	Þ	U	R	R	G	B
E	F	L	C	Ð	R	P	R	U	Ð	A	M	Ó	J	S
R	R	V	L	A	Ð	S	I	R	A	S	N	A	D	Y
R	Æ	I	Æ	M	S	V	K	X	L	F	X	C	D	G
A	Ð	R	K	I	G	H	Z	O	K	V	V	J	E	Ð
X	I	K	N	Ð	M	W	R	U	Ð	A	M	G	Ö	L
S	N	I	I	I	R	U	Ð	A	M	A	T	S	I	L
L	G	I	R	E	K	S	Ð	Æ	L	K	N	G	L	H
D	U	B	F	V	D	W	M	G	Z	Y	Z	D	F	J
I	R	Ó	J	T	S	T	I	R	T	B	J	U	I	Ð

SENDIHERRA
LISTAMAÐUR
LÖGMAÐUR
BANKASTJÓRI
VEIÐIMAÐUR
ENDURSKOÐANDI
DANSARI
ÞJÁLFARI
RITSTJÓRI
SJÓMAÐUR
VÉLVIRKI
LÆKNIR
SÁLFRÆÐINGUR
KLÆÐSKERI

63 - Géologie

E	G	S	K	H	H	D	A	Q	K	Z	W	T	S	U
M	O	T	R	Á	R	D	E	Đ	P	Ó	E	I	Q	K
U	S	E	I	L	I	I	S	Đ	O	U	R	B	H	G
Í	H	I	S	E	N	G	T	L	A	S	I	A	H	S
S	V	N	T	N	G	Y	A	O	R	Z	E	X	L	X
L	E	E	A	D	R	Q	L	Q	O	Q	P	R	D	L
A	R	F	L	I	Á	G	A	L	F	H	R	A	U	N
K	N	N	L	Đ	S	S	C	B	A	R	Ý	S	C	D
I	V	I	A	Æ	N	Y	T	K	L	J	H	Đ	C	J
O	G	A	R	V	I	Þ	I	N	N	U	F	L	Á	M
W	L	P	R	S	C	O	T	S	V	H	X	D	D	K
Z	D	W	X	S	U	K	E	V	G	K	S	C	L	X
S	T	A	L	A	G	M	I	T	E	S	E	I	M	E
P	S	U	S	T	E	I	N	N	H	E	L	L	I	I
E	C	T	E	N	Q	D	U	W	M	D	U	E	N	V

SÝRA
KALSÍUM
HELLI
ÁLFUNNI
KÓRALL
LAG
KRISTALLAR
HRINGRÁS
ROF
GOSHVER

HRAUN
STEINEFNI
STEINN
HÁLENDI
KVARS
SALT
STALACTITE
STALAGMITES
ELDFJALL
SVÆÐI

64 - Jardin

A	L	D	I	N	G	A	R	Ð	U	R	W	Ð	O	Þ
Þ	F	C	S	T	I	L	L	G	R	E	S	I	R	B
G	R	A	S	M	R	U	K	K	E	B	B	C	Þ	W
M	O	Þ	L	B	L	A	S	L	Ö	N	G	U	N	A
T	N	S	Ð	L	D	U	M	Ú	R	I	G	N	E	H
H	Q	T	T	Ó	B	T	H	P	W	Y	Ð	Ð	T	V
N	R	Z	Ö	M	Í	L	R	R	Ó	U	H	Q	J	Í
Þ	U	Í	L	G	L	Z	O	É	A	L	Q	C	Ö	N
U	G	V	F	L	S	J	N	R	B	Y	Í	G	R	V
Z	E	E	S	A	K	O	M	B	B	G	A	N	N	I
K	V	R	A	Þ	Ú	F	I	N	N	R	S	I	Þ	Ð
B	Ð	Ö	R	H	R	U	Ð	R	A	G	Ð	Ð	T	U
A	R	N	G	U	B	U	T	F	W	L	Þ	R	A	R
P	A	D	T	B	L	L	P	B	U	S	H	I	T	T
Þ	J	G	A	A	N	R	L	O	F	J	H	G	N	X

TRÉ
BEKKUR
BUSH
GIRÐING
TJÖRN
BLÓM
BÍLSKÚR
HENGIRÚM
GRAS
GARÐUR
ILLGRESI
MOKA
GRASFLÖT
HRÍFA
JARÐVEGUR
VERÖND
TRAMPÓLÍN
SLÖNGUNA
ALDINGARÐUR
VÍNVIÐUR

65 - Santé et Bien Être #1

Z	Þ	X	O	V	H	Y	Q	H	K	H	W	Ð	S	B
M	Q	G	C	S	N	Æ	U	L	E	K	H	O	P	E
U	Ð	X	L	Q	F	Y	Ð	R	E	F	Ð	E	M	I
L	V	I	Ð	B	R	A	G	Ð	K	G	Ú	O	G	N
S	H	O	R	M	Ó	N	Q	V	U	R	H	T	H	B
Ð	D	M	Q	M	A	Z	Z	R	Ö	J	P	B	U	R
I	N	F	E	R	A	T	Ó	B	U	Ð	Æ	F	N	O
E	U	B	A	K	T	E	R	Í	U	R	V	Z	G	T
M	K	K	L	B	Z	M	X	E	V	R	A	A	U	B
B	Ö	H	Æ	S	D	X	X	P	F	V	P	R	R	E
U	L	J	K	T	A	U	G	A	R	I	Ó	I	M	Z
T	S	N	N	I	E	B	D	B	K	R	T	E	X	Þ
N	Y	O	I	L	Y	F	K	P	D	K	E	V	M	Y
D	P	Y	R	U	Z	H	F	W	H	U	K	Q	D	N
V	E	N	J	A	Ð	D	Q	I	G	R	Y	K	G	O

VIRKUR
BAKTERÍUR
MEIÐSLUM
HUNGUR
BEINBROT
VENJA
HÆÐ
HORMÓN
LÆKNIR
LYF
VÖÐVA
TAUGAR
BEIN
HÚÐ
APÓTEK
SLÖKUN
VIÐBRAGÐ
FÆÐUBÓTAREFNI
MEÐFERÐ
VEIRA

66 - Barbecues

T	S	I	L	N	Ó	T	S	V	G	A	S	G	K	C
N	A	D	L	Y	K	S	L	Ö	J	F	Ó	B	J	E
Z	L	L	I	R	G	W	Þ	E	V	G	S	Z	Ú	T
Z	Ö	S	U	Y	D	W	Þ	Q	I	W	A	I	K	Ó
C	T	Y	A	O	R	A	M	U	S	K	U	A	L	M
B	T	L	F	L	U	Á	G	Ð	X	Þ	I	G	I	A
B	I	X	Í	S	T	W	V	K	W	E	U	R	N	T
M	E	G	N	Ð	A	J	E	Ö	W	V	J	A	G	A
P	H	Þ	H	W	M	J	V	Y	X	I	L	P	U	R
H	Z	I	M	Ð	D	B	Ö	R	N	T	B	I	R	P
K	V	S	O	K	L	S	F	S	L	U	U	P	U	K
L	M	O	F	J	Ö	I	T	E	M	N	Æ	R	G	X
B	Ð	C	G	C	V	L	G	T	O	Z	G	N	N	Q
W	M	U	X	K	K	T	C	N	C	B	I	Ð	U	D
H	Á	D	E	G	I	S	V	E	R	Ð	U	R	H	Y

HEITT
HNÍFA
HÁDEGISVERÐUR
KVÖLDMATUR
BÖRN
SUMAR
HUNGUR
FJÖLSKYLDA
ÁVÖXTUR
GRILL
LEIKIR
GRÆNMETI
TÓNLIST
LAUK
PIPAR
KJÚKLINGUR
SALÖT
SÓSA
SALT
TÓMATAR

67 - Forêt Tropicale

F	R	U	M	B	Y	G	G	J	A	Y	B	A	G	V
E	U	U	A	T	H	V	A	R	F	Þ	O	O	T	A
N	G	Þ	T	G	A	R	G	R	G	I	T	U	I	R
D	Ó	L	J	Æ	R	A	Þ	H	A	N	A	W	S	Ð
U	K	E	T	D	M	F	C	M	L	Z	N	T	P	V
R	S	Q	Q	N	N	R	Y	R	É	R	I	E	J	E
R	M	N	E	W	I	U	Ý	Ý	F	Ý	C	G	S	I
E	U	D	Á	I	A	Ð	I	D	M	D	A	U	P	S
I	R	E	D	T	T	E	E	R	A	K	L	N	E	L
S	F	S	G	P	T	V	M	O	S	S	F	D	N	U
N	Ð	K	X	S	Þ	Ú	M	K	C	O	R	W	D	E
Ð	W	Ý	X	B	X	M	R	S	F	R	W	Q	Ý	V
F	U	G	L	A	R	O	T	A	A	F	I	A	R	E
V	I	R	Ð	I	N	G	X	C	N	U	F	I	L	N
Q	Z	R	A	F	J	Ö	L	B	R	E	Y	T	N	I

FROSKDÝR
BOTANICAL
VEÐURFAR
SAMFÉLAG
FJÖLBREYTNI
TEGUND
FRUMBYGGJA
SKORDÝR
FRUMSKÓGUR
SPENDÝR
MOSS
NÁTTÚRAN
SKÝ
FUGLAR
DÝRMÆTUR
VARÐVEISLU
ATHVARF
VIRÐING
ENDURREISN
LIFUN

68 - Insectes

I	V	Ð	D	M	A	N	T	I	S	E	F	G	B	F
G	Y	N	S	R	U	Þ	P	Y	T	X	I	E	Í	L
W	R	U	A	M	A	D	A	C	I	C	Ð	I	R	U
E	Q	A	P	L	G	G	I	F	N	A	R	T	F	G
O	N	Y	S	Z	P	X	O	X	N	Y	I	U	R	A
R	T	G	O	K	M	J	F	N	S	V	L	N	Í	L
M	E	Q	I	F	Ú	Ó	W	R	F	S	D	G	P	I
U	L	A	I	S	Þ	L	M	S	W	L	I	U	U	R
R	W	M	Þ	B	P	F	A	L	C	Þ	Y	R	R	V
F	E	Q	A	F	S	R	K	S	B	O	U	Ð	Y	A
Q	E	Y	Q	R	Y	F	E	O	Ð	W	W	S	E	J
B	J	A	L	L	A	F	X	T	E	N	R	O	H	I
T	E	R	M	I	T	E	Y	P	T	A	N	G	B	B
K	A	K	K	A	L	A	K	K	I	U	E	Z	Z	M
P	L	Ö	N	T	U	L	Ú	S	A	U	R	M	V	G

BÍ
KAKKALAKKI
CICADA
FRÍPUR
ENGISPRETTUR
MAUR
HORNET
GEITUNGUR
LIRVA
DRAGONFLY
MANTIS
GNAT
FLUGA
FIÐRILDI
FLÓ
PLÖNTULÚS
GRASKÚLA
BJALLA
TERMITE
ORMUR

69 - Ferme #1

L	G	M	I	A	J	R	A	K	E	P	S	S	Z	Z
H	A	I	G	E	I	T	L	A	R	U	T	S	E	H
U	G	N	I	Ð	R	I	G	B	X	Á	O	N	M	D
N	I	S	D	Í	Þ	R	Ý	K	P	D	K	H	B	S
D	E	A	V	B	A	U	M	A	U	I	Ð	A	E	K
U	N	V	A	P	Ú	G	N	A	N	U	H	A	T	Y
R	G	Í	T	Q	S	N	F	L	O	K	K	U	R	N
H	I	S	N	C	Y	I	A	Á	B	U	R	Ð	U	R
Ð	O	U	Y	Ð	K	L	A	Ð	H	O	M	Z	F	A
M	L	N	U	M	C	K	S	U	U	Z	Z	H	L	C
D	P	D	C	O	Z	Ú	Y	Q	A	R	Z	W	Á	G
D	S	U	C	X	S	J	E	Z	Z	L	J	I	K	Z
Þ	T	R	P	O	I	K	V	G	H	Q	T	M	M	C
K	Ö	T	T	U	R	H	R	Í	S	G	R	J	Ó	N
H	E	A	O	C	I	V	E	O	I	K	S	V	V	Ð

BÍ
LANDBÚNAÐUR
ASNI
VÍSUNDUR
ENGI
KÖTTUR
HESTUR
GEIT
HUNDUR
GIRÐING
KRÁKA
VATN
ÁBURÐUR
HEY
HUNANG
KJÚKLINGUR
HRÍSGRJÓN
FLOKKUR
KÝR
KÁLFUR

70 - Café

A	O	U	R	B	Z	F	P	D	X	M	J	Z	M	F
I	N	T	Y	E	R	B	L	Ö	J	F	M	X	S	L
O	J	K	Y	Q	U	A	N	U	R	P	P	U	V	J
F	M	M	O	D	W	Q	G	U	E	M	T	N	G	Ó
L	J	V	Ð	Z	O	V	E	Ð	R	E	V	M	D	T
W	Ó	A	M	Ó	J	R	Ú	S	I	Y	S	O	O	A
W	L	T	L	D	N	U	Q	C	T	F	R	R	P	N
B	K	N	W	A	Þ	T	N	N	E	R	B	G	T	D
T	B	Í	L	J	M	I	S	I	C	O	T	U	X	I
E	J	F	X	D	K	B	Ð	V	S	F	Z	N	R	L
Q	V	F	S	S	Y	K	U	R	A	L	Þ	N	P	L
D	T	O	D	R	Y	K	K	U	R	R	L	R	S	O
X	B	K	A	Ð	U	X	Y	M	Q	Þ	T	Z	Í	B
Þ	F	Y	K	K	W	R	D	L	R	H	Y	V	A	B
X	O	N	P	J	O	L	Y	I	F	A	K	Z	G	Q

SÚR
BITUR
ILMUR
DRYKKUR
KOFFÍN
RJÓMA
VATN
SÍA
MJÓLK
FLJÓTANDI
MORGUNN
MALA
SVART
UPPRUNA
VERÐ
BRENNT
BRAGÐ
SYKUR
BOLLI
FJÖLBREYTNI

71 - Antarctique

L	A	N	D	A	F	R	Æ	Đ	I	L	W	V	F	S
T	A	V	E	R	N	D	U	N	R	Ó	H	V	U	T
R	V	Y	F	V	V	T	Þ	S	Q	C	L	D	G	E
A	Þ	I	U	C	I	X	A	T	N	H	H	F	L	I
N	F	N	R	Þ	B	L	S	V	V	B	L	F	A	N
N	G	N	V	Í	S	I	N	D	L	E	G	T	R	E
S	R	U	G	N	A	Đ	I	E	L	A	W	L	Y	F
Ó	I	F	I	L	S	X	G	J	Ö	K	L	A	R	N
K	C	L	T	A	H	V	A	L	I	R	Y	Q	C	I
N	A	Á	S	N	N	Ý	K	S	Í	A	O	S	A	A
I	D	R	A	D	O	V	S	Q	F	J	Þ	Q	A	O
R	N	L	T	S	Z	Z	Z	J	A	Y	K	C	O	R
N	O	K	I	L	Đ	V	I	F	R	E	V	H	M	U
E	M	A	H	A	O	S	B	O	G	Z	I	T	P	E
H	X	L	H	G	Đ	B	P	Þ	P	P	E	U	W	Q

FLÓI
HVALIR
RANNSÓKNIR
VERNDUN
ÁLFUNNI
VATN
UMHVERFI
LEIÐANGUR
LANDAFRÆÐI
ÍS
JÖKLAR
EYJAR
STEINEFNI
SKÝ
FUGLAR
SKAGI
ROCKY
VÍSINDLEGT
HITASTIG
LANDSLAG

72 - Professions #2

E	M	R	I	N	K	Ó	S	N	N	A	R	F	C	L
S	K	U	R	Ð	L	Æ	K	N	I	R	A	L	A	Í
P	I	L	B	J	Z	B	V	T	R	U	N	U	Þ	F
P	R	C	Æ	W	N	G	A	E	A	G	N	G	T	F
D	A	Ó	B	K	L	V	T	I	N	N	S	M	A	R
H	L	G	F	D	N	K	G	K	N	I	A	A	N	Æ
C	Á	A	E	E	R	I	V	N	E	Ð	K	Ð	N	Ð
I	M	T	Q	G	S	F	C	A	K	Æ	A	U	L	I
D	A	X	B	O	C	S	X	R	Þ	R	N	R	Æ	N
N	P	R	I	X	H	Y	O	I	L	F	D	T	K	G
Ó	X	M	L	J	Q	X	H	R	N	K	A	J	N	U
B	L	A	Ð	A	M	A	Ð	U	R	R	E	F	I	R
H	Q	P	S	Z	I	D	N	A	F	E	G	T	Ú	H
G	E	I	M	F	A	R	I	L	F	V	V	U	V	Þ
E	I	N	K	A	S	P	Æ	J	A	R	A	N	E	P

BÓNDI
GEIMFARI
LÍFFRÆÐINGUR
RANNSÓKNIR
SKURÐLÆKNIR
TANNLÆKNI
EINKASPÆJARA
RANNSAKANDA
KENNARI
ÚTGEFANDI
TEIKNARI
VERKFRÆÐINGUR
BLAÐAMAÐUR
LÆKNI
MÁLARI
FLUGMAÐUR
PRÓFESSOR

73 - Les Abeilles

R	C	N	N	Z	Y	H	A	F	M	G	Y	L	F	Đ
S	E	Y	Z	N	C	U	V	J	A	A	N	V	R	P
A	K	Y	J	Z	G	N	V	Ö	T	R	F	M	J	A
Q	T	C	K	S	G	A	Æ	L	U	Đ	U	L	Ó	S
F	G	A	H	U	Q	N	N	B	R	U	S	Þ	K	I
E	P	N	R	B	R	G	G	R	Đ	R	A	F	O	T
I	Đ	Æ	V	S	Ú	B	I	E	Đ	Đ	R	Y	R	S
W	Q	U	I	L	U	Đ	M	Y	H	F	O	Q	N	W
E	U	R	S	Y	Y	A	R	T	S	M	Ó	L	B	G
Đ	R	U	T	X	Ö	V	Á	N	L	W	Ó	Đ	O	A
L	X	T	K	I	V	K	D	I	C	R	V	L	J	G
Z	Y	N	E	T	S	I	N	U	H	O	X	H	B	N
C	D	Ö	R	B	Ý	F	L	U	G	N	A	B	Ú	L
F	Q	L	F	S	K	O	R	D	Ý	R	V	V	E	E
T	X	P	I	D	R	O	T	T	N	I	N	G	Q	G

VÆNGI
GAGNLEG
VAX
FJÖLBREYTNI
KVIK
VISTKERFI
BLÓMSTRA
BLÓM
ÁVÖXTUR
REYKUR

BÚSVÆÐI
SKORDÝR
GARÐUR
HUNANG
MATUR
PLÖNTUR
FRJÓKORN
DROTTNING
BÝFLUGNABÚ
SÓL

74 - Santé et Bien Être #2

S	Z	S	Đ	G	R	Đ	L	H	W	S	W	O	N	B
B	L	Ó	Đ	J	U	F	Í	R	H	M	I	G	Æ	K
L	L	O	Y	B	Đ	M	F	E	J	I	V	I	R	Đ
F	N	D	K	I	G	A	F	I	P	T	B	Đ	I	Y
O	F	N	Æ	M	I	T	Æ	N	M	U	O	Æ	N	N
N	U	I	Đ	A	R	A	R	L	C	N	S	R	G	Í
S	Þ	A	S	K	B	R	A	Æ	B	U	J	F	K	M
Y	T	Í	C	Í	L	L	F	T	T	N	Ú	A	Þ	A
Z	Đ	R	I	L	I	Y	R	I	F	R	K	Đ	O	T
N	G	O	E	W	E	S	Æ	J	Đ	O	R	F	Z	Í
J	B	L	W	I	H	T	Đ	J	U	Þ	A	R	H	V
X	O	A	Đ	I	T	T	I	C	L	F	H	E	O	V
A	Đ	K	T	O	V	U	V	Z	Q	O	Ú	V	A	Đ
M	K	O	E	A	N	U	D	D	G	T	S	U	K	C
S	J	Ú	K	D	Ó	M	U	R	Þ	Y	N	G	D	F

OFNÆMI
LÍFFÆRAFRÆÐI
MATARLYST
KALORÍA
LÍKAMI
OFÞORNUN
ORKA
ERFÐAFRÆÐI
SJÚKRAHÚS
HREINLÆTI
SMITUN
SJÚKDÓMUR
NUDD
NÆRING
ÞYNGD
BATA
HEILBRIGÐUR
BLÓÐ
STREITU
VÍTAMÍN

75 - Conduite

G	N	S	L	H	M	U	F	E	P	I	M	Y	B	S
W	A	E	E	H	Q	Ó	B	Í	L	L	Q	B	K	T
L	L	S	Y	L	S	L	T	E	S	T	G	F	A	L
Þ	G	G	F	T	H	L	Þ	O	J	W	E	G	B	L
B	E	M	I	J	Æ	Í	S	X	R	O	O	K	R	T
J	R	I	F	R	T	B	F	Ð	Y	H	Ð	Z	J	B
R	G	Z	I	T	T	U	E	O	M	I	J	J	Z	R
V	Ö	C	I	Ð	A	R	H	N	H	V	B	Ó	Z	E
R	L	I	D	L	F	Ö	M	D	G	K	Ð	P	L	M
Ú	Q	K	N	I	Z	V	M	I	G	L	D	B	A	S
K	V	N	A	V	Ð	R	E	F	M	U	D	B	C	U
S	A	M	G	Ö	N	G	U	R	O	T	Ó	M	K	R
L	N	M	N	C	J	R	I	G	G	Y	R	Ö	C	A
Í	G	Þ	A	A	C	I	T	Y	E	N	S	D	L	E
B	U	H	G	K	O	R	T	W	Q	V	G	Ö	N	G

SLYS
VÖRUBÍLL
ELDSNEYTI
KORT
HÆTTA
BREMSUR
BÍLSKÚR
GAS
LEYFI
MÓTOR
MÓTORHJÓL
GANGANDI
LÖGREGLAN
VEGUR
ÖRYGGI
UMFERÐ
SAMGÖNGUR
GÖNG
HRAÐI
BÍLL

76 - Plantes

L	M	F	Y	A	U	T	O	I	H	P	S	M	K	B
D	O	I	L	R	R	N	K	Y	Z	C	A	X	R	L
T	S	E	O	O	T	R	É	B	S	N	R	G	Ó	Ó
D	S	E	J	Þ	R	J	K	S	A	S	G	R	N	M
H	N	K	R	Ð	I	A	X	A	V	U	Ð	A	U	G
P	S	U	B	M	A	B	O	L	T	T	N	S	B	R
Á	B	U	R	Ð	U	R	U	G	Ó	K	S	A	L	Ó
T	O	Q	B	N	V	U	Y	I	R	A	K	F	A	Ð
S	Y	W	B	Q	C	Ð	Z	P	R	K	K	R	Ð	U
N	X	Y	A	T	G	R	Z	Q	Z	V	C	Æ	R	R
A	Ð	I	E	V	G	A	Q	I	E	N	C	Ð	A	R
J	U	T	P	Ð	J	G	K	V	Y	W	N	I	G	B
W	W	C	U	E	N	K	U	Y	V	J	H	Ð	P	E
P	Y	C	H	O	B	Z	A	G	S	R	G	M	Ð	R
U	Þ	Q	A	K	N	Þ	R	M	K	W	G	N	I	J

TRÉ
BER
BAMBUS
GRASAFRÆÐI
BUSH
KAKTUS
ÁBURÐUR
SM
BLÓM
FLORA

SKÓGUR
VAXA
BAUN
GRAS
GARÐUR
IVY
MOSS
KRÓNUBLAÐ
RÓT
GRÓÐUR

77 - Ferme #2

U	Đ	Ö	L	H	B	Ó	N	D	I	R	C	Y	Z	R
U	Á	M	Á	S	V	D	N	O	U	V	L	R	T	G
C	V	A	L	V	O	E	L	A	M	B	D	Ý	R	O
H	E	T	U	G	Ö	Y	I	T	E	M	N	Æ	R	G
I	I	U	S	D	J	X	X	T	G	O	Q	F	Ý	G
R	T	R	Z	T	O	Y	T	Y	I	Q	N	Đ	D	Y
Đ	U	E	Ú	B	A	N	G	U	L	F	Ý	B	A	B
I	N	N	E	Z	D	R	I	I	R	Q	T	J	M	K
R	B	L	U	M	G	O	A	K	G	X	B	W	A	U
J	K	U	X	P	S	K	Y	F	Þ	J	S	F	L	S
Ö	J	U	E	I	H	N	Q	E	Y	K	L	Ó	J	M
B	N	C	N	D	G	H	I	A	B	I	Y	D	G	T
L	R	D	G	R	U	Đ	R	A	G	N	I	D	L	A
X	O	T	I	E	H	U	Y	H	L	D	I	Z	C	E
D	R	Á	T	T	A	R	V	É	L	P	I	K	F	C

LAMB
BÓNDI
DÝR
HIRÐIR
HVEITI
ÖND
ÁVÖXTUR
HLÖÐU
ÁVEITU
MJÓLK
LAMADÝR
GRÆNMETI
KORN
KIND
MATUR
BYGG
ENGI
BÝFLUGNABÚ
DRÁTTARVÉL
ALDINGARÐUR

78 - Temps

I	G	G	K	Y	M	Z	A	X	X	K	A	N	M	D
T	H	D	C	Þ	Þ	H	I	D	P	Ö	L	D	B	A
Ð	I	T	Á	E	T	E	F	T	I	R	Æ	G	Í	G
R	O	Y	X	R	B	L	Y	A	T	Ú	N	Í	M	U
B	O	Ð	C	U	L	R	I	J	M	Ó	B	N	S	R
H	R	M	O	R	G	U	N	N	F	Þ	N	W	H	U
J	U	Á	V	K	X	I	E	E	E	O	Á	K	Z	Ð
F	G	Þ	Ð	D	A	G	A	T	A	L	Ð	L	A	U
P	U	E	Í	U	Y	E	K	F	X	F	U	U	U	N
C	T	K	T	C	M	D	I	Z	M	S	R	K	M	Á
S	A	C	M	P	W	Á	V	N	L	M	C	K	T	M
U	R	Þ	A	H	B	H	D	Ú	W	G	X	A	G	H
A	Á	Q	R	P	H	G	X	N	G	V	R	I	Ð	E
I	Þ	E	F	Z	X	D	R	A	Á	R	L	E	G	A
K	L	U	K	K	U	S	T	U	N	D	I	K	M	D

ÁR
ÁRLEGA
EFTIR
ÁÐUR
BRÁÐUM
DAGATAL
ÁRATUGUR
FRAMTÍÐ
KLUKKUSTUND
Í GÆR
KLUKKA
DAGUR
NÚNA
MORGUNN
HÁDEGI
MÍNÚTA
MÁNUÐUR
NÓTT
VIKA
ÖLD

79 - Maison

G	I	J	N	F	A	S	A	K	Ó	B	E	G	Q	M
H	A	A	W	S	R	U	T	S	Ú	K	L	L	T	G
Q	U	R	Ð	Q	I	V	E	G	G	A	D	U	B	I
G	Z	R	Ð	A	N	T	F	T	X	Þ	H	G	N	R
B	L	P	Ð	U	N	L	O	X	Ð	J	Ú	G	E	Ð
Í	J	U	P	L	R	A	T	F	S	M	S	I	Y	I
L	L	T	G	L	S	M	S	P	E	G	I	L	L	N
S	M	R	E	G	T	P	G	O	Ð	G	Z	P	F	G
K	X	U	H	L	A	I	G	R	E	B	R	E	H	B
Ú	U	T	B	Y	A	T	T	O	M	F	L	Ó	G	V
R	U	S	O	K	D	F	J	T	Z	F	V	I	Ð	W
Z	Ð	O	L	L	T	O	S	Ö	B	P	Ð	X	U	Y
Q	L	A	Ð	A	L	L	P	H	L	Ð	B	Y	C	S
H	Á	A	L	O	F	T	I	N	U	D	Þ	O	I	E
L	P	E	K	A	X	Ð	Ð	T	T	S	E	F	I	E

KÚSTUR
BÓKASAFN
HERBERGI
ARINN
LYKLA
GIRÐING
ELDHÚS
STURTU
GLUGGI
BÍLSKÚR
HÁALOFTINU
GARÐUR
LAMPI
SPEGILL
VEGG
LOFT
HURÐ
GLUGGATJÖLD
GÓLFMOTTA
ÞAK

80 - Légumes

S	A	N	E	P	U	L	V	D	A	U	S	P	Y	T
K	F	G	Æ	C	V	Z	V	V	U	Y	P	J	W	T
A	Q	H	U	P	G	Ú	R	K	U	F	E	O	W	P
L	R	U	K	U	A	L	T	Í	V	H	R	X	Þ	R
O	L	X	F	R	E	F	I	G	N	E	G	Q	A	V
T	A	C	S	U	P	Í	E	Þ	D	B	I	W	R	U
T	P	N	O	K	L	L	G	N	J	E	L	Q	T	I
L	M	L	Þ	U	K	Ó	G	G	H	B	K	L	I	S
A	F	Z	Þ	A	D	G	A	V	U	I	Á	E	H	E
U	I	V	Þ	L	Þ	R	L	L	S	L	L	H	O	L
K	R	Æ	Ð	J	A	Z	D	O	W	L	R	Z	K	L
U	A	J	L	E	S	N	I	E	T	S	D	Ó	E	E
R	E	K	S	A	R	G	N	G	U	H	N	S	T	R
S	A	L	A	T	A	N	Í	P	S	D	N	T	C	Í
S	V	E	P	P	I	R	T	Ó	M	A	T	Q	K	W

HVÍTLAUKUR
ARTIHOKE
EGGALDIN
SPERGILKÁL
GULRÓT
SELLERÍ
SVEPPIR
GRASKER
GÚRKU
SKALOTTLAUKUR
SPÍNAT
ENGIFER
NÆPA
LAUKUR
ÓLÍF
STEINSELJA
PEA
RÆÐJA
SALAT
TÓMAT

81 - Famille

B	F	M	S	D	V	W	O	B	C	Q	K	Q	D	W
A	O	Ó	Y	U	F	I	R	A	R	U	B	Í	V	T
R	R	Đ	S	P	I	C	F	R	I	T	T	Ó	D	E
N	F	U	T	A	N	O	K	N	I	G	I	E	S	C
Æ	A	R	I	U	R	P	Z	I	Y	F	A	D	Q	T
S	Đ	O	R	C	U	O	O	Q	N	H	A	M	F	L
K	I	H	A	B	Đ	B	Z	O	R	K	I	Đ	M	D
A	R	Đ	E	Q	A	M	Ó	Đ	I	R	N	E	L	A
J	L	X	Y	U	M	R	Þ	I	Đ	I	G	Q	T	K
D	V	Q	R	Y	N	K	N	O	Ó	Đ	A	Þ	C	N
B	Ö	R	N	A	I	H	M	A	R	A	R	J	V	Æ
P	C	X	Y	P	G	Y	E	K	B	F	Z	C	A	R
F	A	Z	E	G	I	F	U	U	J	A	C	B	I	F
P	G	N	U	G	E	D	I	D	N	Æ	R	F	U	W
K	Z	S	K	Þ	B	K	E	A	C	A	V	N	I	O

FORFAÐIR
BARNÆSKA
BARN
BÖRN
EIGINKONA
DÓTTIR
BRÓÐIR
AMMA
AFI
TVÍBURAR
EIGINMAÐUR
MÓÐUR
MÓÐIR
FRÆNDI
INGAR
BARNABARN
FAÐIR
SYSTIR
FRÆNKA

82 - Oiseaux

F	D	G	Þ	P	C	K	F	O	Q	E	J	Y	K	P
U	W	P	L	S	R	C	L	V	G	Q	J	F	J	E
N	M	I	R	U	K	U	A	G	A	F	Á	P	Ú	A
R	U	I	I	R	M	H	M	D	Ú	F	A	J	K	C
T	C	W	H	B	P	D	I	J	R	M	X	Q	L	O
J	S	L	Đ	C	R	U	N	A	V	S	U	R	I	C
M	Ö	R	G	Æ	S	R	G	Ö	G	O	C	U	N	K
Þ	T	U	R	U	K	R	O	T	S	Æ	C	K	G	Y
E	X	F	I	T	W	O	R	R	A	P	S	U	U	S
X	Đ	Á	N	J	T	Þ	L	U	G	F	E	A	R	T
K	A	M	E	X	C	O	J	K	Y	G	E	G	N	R
H	Z	G	L	S	V	Z	E	R	W	F	V	J	G	Ú
H	E	R	O	N	A	C	I	L	E	P	R	P	P	T
V	B	V	U	R	K	R	Á	K	A	E	Z	Z	L	U
G	Q	A	R	Ö	T	O	U	C	A	N	M	T	J	R

ÖRN
STRÚTUR
ÖND
STORKUR
DÚFA
KRÁKA
GAUKUR
SVANUR
FLAMINGO
HERON

MÖRGÆS
SPARROW
MÁFUR
EGG
GÆS
PEACOCK
PÁFAGAUKUR
PELICAN
KJÚKLINGUR
TOUCAN

83 - Disciplines Scientifiques

L	V	V	F	Y	D	S	Þ	O	B	L	S	T	T	G
Z	Í	É	É	W	V	F	T	J	Q	Í	T	R	A	R
I	T	F	L	L	Q	Þ	P	S	F	F	J	W	U	A
Ð	I	S	F	F	M	Y	A	R	M	E	Ö	A	G	S
Æ	B	N	P	R	R	E	X	P	Ð	F	R	Y	A	A
R	Ð	L	B	G	Æ	Æ	N	N	W	N	N	F	F	F
F	V	X	T	K	G	Ð	Ð	N	U	A	U	S	R	R
A	Q	M	A	H	Y	Z	I	I	I	F	F	Á	Æ	Æ
M	Á	L	V	Í	S	I	N	D	I	R	R	L	Ð	Ð
R	J	A	R	Ð	F	R	Æ	Ð	I	Æ	Æ	F	I	I
A	E	F	N	A	F	R	Æ	Ð	I	Ð	Ð	R	U	M
V	D	Ý	R	A	F	R	Æ	Ð	I	I	I	Æ	Z	K
F	É	L	A	G	S	F	R	Æ	Ð	I	L	Ð	P	O
S	T	E	I	N	D	A	F	R	Æ	Ð	I	I	P	T
C	Z	M	L	V	I	S	T	F	R	Æ	Ð	I	F	L

STJÖRNUFRÆÐI
LÍFEFNAFRÆÐI
LÍFFRÆÐI
GRASAFRÆÐI
EFNAFRÆÐI
VISTFRÆÐI
JARÐFRÆÐI
MÁLVÍSINDI
VÉLFRÆÐI
STEINDAFRÆÐI
TAUGAFRÆÐI
SÁLFRÆÐI
VÉLMENNI
FÉLAGSFRÆÐI
VARMAFRÆÐI
DÝRAFRÆÐI

84 - Maladie

H	Ö	Đ	Þ	F	J	Þ	V	Q	S	J	D	B	Đ	T
J	N	G	Q	Z	D	I	K	Đ	M	U	G	N	U	L
A	D	V	E	I	K	K	V	V	I	M	A	K	Í	L
R	U	V	R	A	C	U	P	S	T	M	D	U	V	I
T	N	I	A	L	L	I	V	K	A	G	U	A	T	N
A	A	N	B	B	B	H	O	T	N	B	Ó	L	G	A
M	R	N	M	X	R	G	E	G	D	M	R	X	L	Đ
E	F	E	U	X	B	Á	L	I	I	M	Æ	N	Ó	Í
Đ	Æ	K	L	X	Þ	S	Đ	L	L	I	V	P	K	L
F	R	L	X	O	F	N	Æ	M	I	S	B	Đ	V	L
E	I	I	D	N	A	R	A	V	G	N	A	L	I	E
R	Þ	E	M	M	K	E	D	C	Z	K	Đ	N	Đ	V
Đ	B	H	K	O	Y	S	G	C	I	T	S	N	L	E
B	W	Z	X	H	U	A	J	V	B	E	I	N	G	S
S	T	A	R	F	G	E	N	G	U	R	D	I	F	Z

KVIÐ
BRÁÐ
OFNÆMI
VELLÍÐAN
LANGVARANDI
SMITANDI
LÍKAMI
HJARTA
VEIK
ARFGENGUR
ÓNÆMI
BÓLGA
LUMBAR
TAUGAKVILLA
BEIN
LUNGUM
ÖNDUNARFÆRI
HEILSA
HEILKENNI
MEÐFERÐ

85 - Univers

S	Ý	N	L	E	G	T	U	C	X	S	S	V	S	S
M	I	Đ	B	A	U	G	U	R	B	M	B	Ó	T	T
I	L	T	U	N	G	L	A	E	Đ	Á	R	L	L	J
C	Z	I	U	F	H	S	I	I	N	S	E	E	Á	Ö
E	O	L	Y	X	A	L	A	G	S	T	I	N	M	R
F	H	S	N	N	L	V	A	R	J	I	D	G	N	N
H	B	G	M	D	L	T	X	U	Ó	R	D	D	R	U
W	H	W	U	I	A	M	K	Đ	N	N	G	A	Ó	F
Q	C	C	U	Q	C	F	T	Ö	A	I	B	R	J	R
S	P	O	R	B	R	A	U	T	U	T	H	G	T	Æ
F	D	I	U	A	W	Y	D	S	K	E	I	R	S	Đ
R	T	D	K	C	Đ	A	B	L	I	N	M	Á	Q	I
U	R	I	R	Ý	D	R	Þ	Ó	B	M	I	Đ	C	R
K	K	J	Y	Þ	C	F	A	S	Q	I	N	U	Y	H
F	B	B	M	Đ	L	O	L	J	B	H	N	A	L	S

SMÁSTIRNI
STJÖRNUFRÆÐI
STJÓRNMÁL
HIMNETI
HIMINN
COSMIC
MIÐBAUGUR
GALAXY
JARÐAR
HALLA
BREIDD
LENGDARGRÁÐU
TUNGL
MYRKUR
SPORBRAUT
SÓL
SÓLSTÖÐUR
SJÓNAUKI
SÝNLEGT
DÝRIR

86 - Géographie

J	C	P	L	P	U	Þ	N	Q	Đ	Z	G	K	A	I
Z	T	A	L	Þ	R	Y	A	N	W	C	K	K	T	Đ
H	L	G	L	B	R	E	I	D	D	N	A	L	L	Æ
E	Y	J	A	V	A	K	D	L	S	K	E	Þ	A	V
K	M	Q	J	E	Đ	C	I	G	Q	O	G	L	S	S
A	K	C	F	S	R	W	R	U	Đ	R	O	N	Y	A
V	H	Þ	Z	T	A	I	E	W	Þ	X	F	K	Þ	Đ
A	Z	N	L	U	J	T	M	H	N	U	O	Z	Y	Á
Đ	D	T	N	R	U	M	I	E	H	O	Y	D	Y	R
Z	J	S	W	U	G	P	B	T	R	O	K	H	L	R
I	M	V	A	Đ	S	V	Æ	Đ	I	I	Þ	O	A	I
K	Đ	W	F	U	Æ	I	A	C	Z	Đ	V	K	Y	F
B	O	R	G	S	H	H	N	A	B	Q	N	E	K	Y
Á	L	F	U	N	N	I	H	I	K	S	X	I	R	Y
X	D	Q	R	J	O	S	J	Ó	P	C	S	A	W	J

HÆÐ
ATLAS
KORT
ÁLFUNNI
RIVER
JARÐAR
EYJA
BREIDD
SJÓ
MERIDIAN
HEIMUR
FJALL
NORÐUR
HAF
VESTUR
LAND
SVÆÐI
SUÐUR
YFIRRÁÐASVÆÐI
BORG

87 - Bâtiments

R	L	I	Ð	Æ	T	S	K	R	E	V	W	P	S	Y
Í	R	G	I	Y	S	Ú	H	A	R	K	Ú	J	S	M
L	B	D	F	U	R	D	I	A	S	Z	N	R	U	T
D	K	Ú	Y	S	H	O	Z	R	Z	T	F	Y	C	T
I	F	D	Ð	M	H	Z	T	A	F	M	A	I	T	J
K	V	I	K	M	Y	N	D	A	H	Ú	S	L	W	A
L	C	L	M	D	B	N	E	Z	V	I	Y	Ó	I	L
E	D	Ó	R	U	G	I	L	S	B	R	L	K	O	D
I	K	K	U	K	Z	L	U	S	V	Ú	E	S	T	L
K	L	S	M	W	N	L	V	F	E	K	T	S	O	F
H	E	Á	K	I	G	Ö	Þ	N	Þ	S	Ó	I	B	Z
Ú	F	H	V	H	N	V	O	D	K	L	H	W	C	O
S	A	H	L	Ö	Ð	U	U	N	F	Í	G	M	G	D
M	A	T	V	Ö	R	U	B	Ú	Ð	B	C	T	Q	M
H	X	I	Q	S	E	N	D	I	R	Á	Ð	R	Ð	W

SENDIRÁÐ
ÍBÚÐ
VERKSTÆÐI
KLEFA
KASTALI
KVIKMYNDAHÚS
SKÓLI
BÍLSKÚR
HLÖÐU
SJÚKRAHÚS
HÓTEL
SAFN
OBSERVATORY
VÖLLINN
MATVÖRUBÚÐ
TJALD
LEIKHÚS
TURN
HÁSKÓLI

88 - Activités et Loisirs

B	I	D	N	A	P	P	A	L	S	F	A	M	K	G
Q	G	N	F	J	K	A	L	B	Y	U	B	Á	A	Ö
T	J	U	Z	K	G	P	S	A	L	Y	G	L	P	N
O	I	S	J	R	E	Y	R	V	B	Þ	O	V	P	G
W	O	H	B	Y	U	C	E	Q	A	V	B	E	A	U
F	Z	Y	F	Ð	V	R	V	Ú	Y	C	P	R	K	F
T	S	A	Ð	R	E	F	K	D	T	F	E	K	S	E
Á	H	U	G	A	M	Á	L	Ö	T	J	P	F	T	R
Q	N	J	N	G	L	A	Þ	K	F	E	Æ	X	U	Ð
K	Ö	R	F	U	B	O	L	T	I	U	N	Ð	R	I
F	Ó	T	B	O	L	T	I	X	U	X	N	N	A	R
H	A	F	N	A	B	O	L	T	I	G	M	H	I	U
R	F	M	L	I	S	T	A	B	Q	O	G	J	H	S
V	E	I	Ð	I	T	Ð	V	N	R	L	Ð	N	Y	R
B	C	S	R	A	K	I	E	L	A	F	E	N	H	U

VERSLA
LIST
HAFNABOLTI
KÖRFUBOLTI
HNEFALEIKAR
ÚTJÆÐA
KAPPAKSTUR
FÓTBOLTI
GOLF
GARÐYRKJA

SUND
ÁHUGAMÁL
MÁLVERK
VEIÐI
KÖFUN
GÖNGUFERÐIR
AFSLAPPANDI
TENNIS
BLAK
FERÐAST

89 - Livres

S	Ð	H	Ö	F	U	N	D	U	R	X	S	U	N	Y
A	Ð	Í	S	S	Ö	G	U	M	A	Ð	U	R	T	F
F	S	H	M	O	R	Þ	N	A	I	P	P	X	G	K
N	Y	Ð	B	E	E	R	U	I	D	N	A	S	E	L
E	N	D	G	B	Y	L	F	R	N	V	A	H	L	S
T	P	Z	B	Þ	Ð	Y	U	Ý	A	L	S	O	U	A
Q	K	I	L	Ð	E	Í	V	T	G	L	J	M	G	M
Þ	O	S	C	A	R	L	L	N	I	K	J	G	Ö	H
S	K	R	I	F	A	Ð	L	I	E	H	T	Ó	S	E
Q	U	B	A	D	P	C	C	V	Ð	L	Þ	R	Ð	N
H	A	F	K	O	C	A	Þ	Æ	I	I	T	N	I	G
B	Ó	K	M	E	N	N	T	A	V	B	I	M	Q	I
G	A	M	A	N	S	A	M	U	R	R	Ö	Ð	O	Q
S	K	Á	L	D	S	A	G	A	I	D	Ð	A	I	P
F	R	U	M	L	E	G	V	Þ	S	A	G	A	N	M

HÖFUNDUR
ÆVINTÝRI
SAFN
SAMHENGI
TVÍEÐLI
SKRIFAÐ
EPIC
SAGA
SÖGULEGT
GAMANSAMUR
FRUMLEG
LESANDI
BÓKMENNTA
SÖGUMAÐUR
SÍÐA
VIÐEIGANDI
LJÓÐ
SKÁLDSAGA
RÖÐ

90 - Pays #2

T	Ú	T	L	K	P	F	R	A	K	K	L	A	N	D
J	G	N	A	Í	L	A	M	Ó	S	Đ	O	Í	J	E
R	A	O	L	N	H	I	K	N	Đ	F	D	N	A	Q
Ú	N	I	C	A	A	N	X	I	U	S	X	E	M	G
S	D	O	O	Í	Y	D	D	Q	S	G	B	K	A	L
S	A	E	I	N	F	Þ	Ú	W	U	T	N	P	Í	Q
L	Þ	D	N	A	L	R	Ý	S	R	N	A	P	K	X
A	O	Đ	X	B	Ú	R	J	A	P	A	N	N	A	M
N	U	Z	A	L	K	L	D	A	N	M	Ö	R	K	E
D	D	L	Y	A	R	P	Í	F	P	M	S	J	C	X
Q	N	Z	F	L	A	O	T	B	J	Z	P	Z	D	Í
L	A	O	S	P	Í	S	Í	Q	A	C	M	F	X	K
Z	L	Z	E	U	N	O	A	Q	B	N	J	X	D	Ó
W	R	R	Đ	J	A	P	H	S	I	X	O	K	L	N
A	Í	S	E	N	Ó	D	N	I	V	Y	Đ	N	K	K

ALBANÍA
KÍNA
DANMÖRK
FRAKKLAND
HAÍTÍ
INDÓNESÍA
ÍRLAND
JAMAÍKA
JAPAN
KENÍA
LAOS
LÍBANON
MEXÍKÓ
ÚGANDA
PAKISTAN
RÚSSLAND
SÓMALÍA
SÚDAN
SÝRLAND
ÚKRAÍNA

91 - Fournitures d'Art

G	S	F	L	W	F	H	S	V	K	G	P	Y	I	S
M	L	Ó	T	S	V	U	K	E	L	B	A	R	Þ	T
P	I	Æ	S	E	A	R	Ö	N	Ý	Þ	S	K	I	R
E	H	T	S	Y	T	Ð	P	A	R	Q	T	K	R	O
M	Í	L	Y	L	N	L	U	G	K	I	E	M	D	K
S	Y	X	R	A	A	D	N	I	A	J	L	E	A	L
A	J	N	I	O	L	Í	A	V	B	T	L	A	Ð	E
G	Þ	L	D	R	Í	P	P	A	P	D	I	U	Ð	Ð
B	T	D	N	A	C	J	F	W	A	V	T	T	Y	U
U	T	F	Y	T	V	P	K	O	L	I	I	X	I	R
R	J	X	M	N	A	É	R	O	V	R	R	I	E	L
S	C	E	G	A	J	G	L	Þ	X	O	I	B	I	Ð
T	Y	Þ	U	Ý	V	A	T	N	S	L	I	T	I	R
A	N	A	H	L	H	D	T	H	A	V	A	Þ	I	O
R	E	R	K	B	D	I	Þ	H	D	F	U	N	A	B

AKRÝL
VATNSLITIR
LEIR
BURSTAR
MYNDAVÉL
STÓL
KOL
GLÆSLA
LÍM
LITI
BLÝANTAR
SKÖPUN
VATN
BLEK
STROKLEÐUR
OLÍA
HUGMYNDIR
PAPPÍR
PASTELLITIR
BORÐ

92 - Eau

M	D	C	Y	R	A	E	Á	Þ	O	F	M	Đ	V	R
I	R	U	D	L	Ö	K	G	V	H	Y	P	D	N	Þ
R	Y	Y	U	X	F	Y	E	T	E	A	P	L	Z	X
K	K	Í	S	J	X	X	Y	Þ	W	I	K	A	R	U
S	K	D	F	Y	Þ	T	S	O	R	F	T	G	A	T
T	J	R	U	L	Y	B	I	L	L	E	F	U	G	F
U	A	U	F	H	O	L	R	K	D	B	V	S	Đ	L
R	R	K	U	A	M	O	N	S	Ú	N	Z	I	J	Ó
T	H	Í	G	F	Þ	G	L	Z	S	X	A	T	R	Đ
U	Æ	S	W	X	A	L	A	K	E	N	G	C	Þ	O
P	F	R	L	X	R	G	S	H	I	O	J	L	N	H
G	T	I	R	Ö	K	U	M	A	U	W	L	Ó	C	L
U	P	P	G	U	F	U	N	F	A	C	Q	N	R	Y
Q	J	R	J	P	R	J	F	R	I	G	N	I	N	G
H	U	R	H	B	S	C	P	T	P	B	Z	X	D	B

SÍKUR
STURTU
UPPGUFUN
RIVER
FROST
GEYSIR
ÍS
RÖKUM
RAKI
FLÓÐ
ÁVEITU
LAKE
MONSÚN
SNJÓR
HAF
FELLIBYLUR
RIGNING
DRYKKJARHÆFT
ÖLDUR
GUFU

93 - Jazz

L	Þ	K	N	K	J	C	N	Y	A	N	O	P	H	L
P	I	T	Æ	L	R	I	T	F	E	H	D	D	L	C
F	N	S	V	W	X	B	I	K	W	Æ	X	A	J	K
R	U	T	T	S	I	L	N	Ó	T	F	B	L	Ó	S
S	P	A	F	A	U	F	K	R	R	I	B	R	M	A
L	S	K	S	K	M	E	Æ	Z	U	L	Í	T	S	M
A	R	T	B	Ó	C	A	T	S	M	E	F	G	V	S
G	D	U	T	Ö	L	P	Ð	H	M	I	R	A	E	E
Ð	J	R	E	Q	T	Ó	D	U	O	K	Æ	M	I	T
M	N	Ý	T	T	M	E	T	W	R	I	G	A	T	N
W	V	T	Ð	Q	Þ	R	G	O	T	B	U	L	P	I
T	Ó	N	S	K	Á	L	D	U	K	R	R	L	C	N
Y	P	E	R	A	K	I	E	L	N	Ó	T	Þ	A	G
I	X	R	Q	U	S	H	I	C	Þ	D	C	R	R	A
H	Þ	K	B	C	C	D	J	V	W	R	B	E	E	H

PLÖTU
LISTAMAÐUR
FRÆGUR
LAG
TÓNSKÁLD
SAMSETNING
TÓNLEIKAR
EFTIRLÆTI
TEGUND
SPUNI
TÓNLIST
NÝTT
HLJÓMSVEIT
TAKTUR
SÓLÓ
STÍL
HÆFILEIKI
TROMMUR
TÆKNI
GAMALL

94 - Paysages

L	X	M	E	W	K	Þ	B	K	F	D	K	I	M	Q
S	F	Ý	L	E	R	F	D	W	J	A	N	U	H	Y
U	D	R	D	A	Ö	O	H	J	Ö	L	J	P	G	D
P	L	I	F	P	M	N	Q	I	K	U	O	Y	R	S
Y	L	U	J	B	I	V	T	D	U	R	F	G	E	J
A	S	Q	A	R	Đ	Q	H	G	L	E	O	R	B	Ó
S	Q	Q	L	Đ	Y	H	C	Æ	L	V	S	T	S	M
Ó	T	U	L	H	E	L	L	I	Đ	H	S	U	Í	Q
R	M	Ö	Q	W	P	L	M	G	X	S	T	N	I	V
Á	E	B	Đ	A	C	A	X	A	D	O	L	D	C	M
H	N	Q	V	U	E	J	L	K	K	G	O	R	C	U
F	J	A	R	A	V	F	U	S	B	C	S	A	N	H
W	U	Đ	C	R	L	A	R	I	V	E	R	R	P	K
K	K	O	I	P	U	H	T	I	Q	V	P	S	U	G
X	B	K	O	B	J	D	D	N	Đ	N	D	Q	X	J

FOSS
HÆÐ
EYÐIMÖRK
ÁRÓS
RIVER
GOSHVER
JÖKULL
HELLI
ÍSBERG
EYJA

STÖÐUVATN
MÝRI
SJÓ
FJALL
VIN
SKAGI
FJARA
TUNDRA
DALUR
ELDFJALL

95 - Pays #1

V	E	N	E	S	Ú	E	L	A	V	T	T	L	N	R
V	O	F	H	K	P	Þ	G	P	N	N	T	E	Í	L
F	I	N	N	L	A	N	D	M	A	L	Í	A	K	D
E	Z	H	W	H	N	L	I	Ó	K	K	O	R	A	M
Q	Đ	B	Þ	S	T	Y	Í	N	N	Á	P	S	R	A
K	B	U	D	H	V	C	A	B	D	M	V	Í	A	P
T	A	Í	L	I	S	A	R	B	Ý	L	E	B	G	Ó
K	D	N	A	L	A	K	S	Ý	Þ	A	A	Y	V	L
R	M	Þ	A	G	Í	H	D	V	N	X	M	N	A	L
U	U	R	B	D	L	V	N	B	V	W	A	W	D	A
G	W	R	O	D	A	V	K	E	K	H	N	O	R	N
E	P	B	N	U	T	K	W	Z	J	U	A	F	I	D
R	Ú	M	E	N	Í	A	A	C	V	N	P	I	B	G
O	N	W	Z	A	R	G	E	N	T	Í	N	A	M	U
N	A	T	S	I	N	A	G	F	A	V	P	G	E	R

AFGANISTAN
ÞÝSKALAND
ARGENTÍNA
BRASILÍA
KANADA
SPÁNN
EKVADOR
FINNLAND
INDLAND
ÍSRAEL
ÍTALÍA
LÍBÝA
MALÍ
MAROKKÓ
NÍKARAGVA
NOREGUR
PANAMA
PÓLLAND
RÚMENÍA
VENESÚELA

96 - Nombres

N	Í	U	U	F	Ö	J	L	P	F	Y	I	W	Y	V
Đ	U	Z	G	L	J	X	B	R	I	J	Z	V	R	K
B	I	Í	U	Ó	S	Ó	S	Z	G	F	Ó	F	R	C
Þ	R	E	T	T	Á	N	R	Đ	A	X	C	R	G	X
N	Đ	M	T	Þ	N	Á	J	T	Á	Þ	Þ	Z	I	D
I	X	F	U	N	X	J	N	H	Á	M	R	S	W	R
V	Đ	V	T	Ú	S	T	S	E	X	N	Í	Đ	G	Đ
W	A	V	W	L	W	Í	I	A	P	H	R	K	Đ	W
Q	U	B	Y	L	A	N	Á	T	M	M	I	F	M	K
A	K	S	E	X	T	Á	N	S	A	U	T	J	Á	N
T	A	V	U	A	Þ	L	Đ	P	H	E	A	Y	X	F
V	S	R	G	U	V	D	P	Á	O	V	H	Þ	K	I
E	T	J	Þ	C	S	D	Þ	T	E	Þ	C	C	N	M
I	A	J	Q	W	J	L	P	T	Đ	F	Z	H	X	M
R	F	Đ	T	M	A	Þ	N	A	Y	G	K	Q	A	S

FIMM
TVEIR
AUKASTAF
TÍU
ÁTJÁN
NÍTJÁN
SAUTJÁN
TÓLF
ÁTTA
NÍU
FJÓRTÁN
FJÓRIR
FIMMTÁN
SEXTÁN
SJÖ
SEX
ÞRETTÁN
ÞRÍR
TUTTUGU
NÚLL

97 - Nature

M	D	Z	R	J	D	D	L	I	U	B	D	O	N	B
L	Í	F	L	E	G	T	Ý	Y	F	Ý	G	C	P	Z
Þ	D	L	A	C	I	P	O	R	T	F	A	X	W	Y
O	W	P	Ó	Đ	N	R	R	U	R	L	M	Đ	B	J
K	O	T	V	J	K	X	V	M	Đ	U	E	I	S	X
A	Đ	L	L	U	K	Ö	J	Ó	Z	G	C	D	L	G
L	W	L	U	V	L	S	S	D	M	U	N	L	T	E
F	R	I	Đ	S	Æ	L	T	I	W	R	S	G	M	H
R	I	V	E	R	C	V	E	G	X	L	Þ	M	C	W
T	S	Đ	Z	O	S	Þ	F	L	Þ	M	P	Y	L	G
D	K	R	Ö	M	I	Đ	Y	E	N	E	R	E	S	S
U	Ó	U	B	Þ	E	U	Z	H	A	X	Q	H	L	K
R	G	G	D	M	W	G	U	Z	O	U	R	O	F	Ý
Z	U	E	A	R	K	T	Í	S	K	U	R	D	V	P
Z	R	F	F	S	B	O	U	E	V	O	K	V	I	K

BÝFLUGUR
SKJÓL
DÝR
ARKTÍSKUR
FEGURÐ
ÞOKA
EYÐIMÖRK
KVIK
ROF
SM
RIVER
SKÓGUR
JÖKULL
SKÝ
FRIÐSÆLT
HELGIDÓMUR
VILLT
SERENE
TROPICAL
LÍFLEGT

98 - Chimie

M	V	B	U	V	E	T	N	I	K	Q	M	R	K	K
U	A	M	G	I	T	S	A	T	I	H	O	A	L	J
G	Þ	Y	N	G	D	Þ	Đ	A	T	I	H	F	Ó	A
A	K	G	A	M	D	E	X	V	Þ	B	Z	E	R	R
S	Y	A	H	G	B	G	P	H	R	L	I	I	J	N
L	E	S	Đ	V	Z	V	R	F	R	B	P	N	I	O
Đ	E	Þ	Ú	H	L	Y	J	F	L	S	Đ	D	D	R
U	N	I	F	R	E	K	U	T	O	L	A	Y	N	K
S	A	M	E	I	N	D	S	Ý	R	A	V	L	A	U
K	O	L	E	F	N	I	N	F	E	R	Ú	S	T	T
E	M	Á	L	M	A	Ó	P	E	U	I	Y	Đ	Ó	Đ
P	V	Y	T	V	M	S	J	E	Þ	I	F	J	J	C
E	N	S	Í	M	I	I	X	E	V	K	X	C	L	G
Z	Q	A	R	F	Đ	P	S	U	L	S	H	Y	F	E
K	T	S	J	B	E	B	T	Q	O	A	A	F	S	A

SÝRA
SÚR
LOTUKERFINU
KOLEFNI
HVATI
HITA
KLÓR
ENSÍM
RAFEIND
GAS
VETNI
JÓN
FLJÓTANDI
MÁLMA
SAMEIND
KJARNORKU
SÚREFNI
ÞYNGD
SALT
HITASTIG

99 - Bateaux

Ö	K	X	V	Q	M	Q	Y	Z	O	M	K	H	S	S
L	U	M	T	É	A	A	J	R	E	F	A	H	J	J
D	Đ	K	Đ	P	L	Þ	S	Y	S	I	N	L	Ó	Ó
U	A	B	Á	H	Ö	F	N	T	Y	M	Ó	S	M	M
R	U	T	Á	B	L	G	E	S	U	F	U	M	A	A
E	P	I	U	C	K	I	P	I	E	R	D	W	Đ	N
V	X	R	H	N	T	A	V	U	Đ	Ö	T	S	U	N
I	K	E	L	F	Z	S	J	M	K	D	W	T	R	A
R	S	K	T	F	C	H	A	A	U	Z	K	F	Đ	Z
L	N	K	R	J	Z	Y	Đ	G	K	H	Q	M	D	F
B	E	A	B	Ö	Q	Đ	S	C	N	O	E	Y	K	G
X	K	A	Þ	R	W	T	S	I	U	Đ	I	E	Q	W
X	K	X	O	U	P	Q	J	W	J	I	S	L	D	K
L	J	V	N	K	W	X	Ó	W	M	M	G	K	Đ	L
U	U	J	C	B	T	U	H	X	Z	H	U	I	D	Q

AKKERI
BAU
KANÓ
REIPI
ÁHÖFN
FERJA
RIVER
KAJAK
STÖÐUVATN
FJÖRU
SJÓMAÐUR
MASTUR
SJÓ
VÉL
SJÓMANNA
HAF
FLEKI
ÖLDUR
SEGLBÁTUR
SNEKKJU

100 - Mesures

H	D	G	M	H	T	I	A	T	Q	G	A	M	S	Đ
K	Ý	J	K	Æ	O	S	J	V	G	Þ	W	R	G	O
A	P	K	Đ	Đ	M	Þ	G	M	E	S	S	I	Y	O
J	T	U	A	Z	M	Y	I	L	L	L	Í	T	R	I
B	P	D	T	K	U	N	F	Đ	X	J	G	O	X	D
I	Đ	R	Ú	N	B	G	E	G	U	O	E	Z	Y	N
Þ	T	W	N	E	Z	D	S	R	N	X	A	I	Þ	I
Y	P	L	Í	G	H	R	P	Á	Đ	E	J	L	A	B
G	R	A	M	M	T	A	S	Đ	F	D	A	M	E	Đ
B	N	G	T	F	A	T	S	A	K	U	A	Æ	Z	Đ
T	R	T	B	Æ	T	I	E	K	Í	L	Ó	L	A	E
R	O	E	K	Í	L	Ó	M	E	T	R	A	I	Þ	L
B	E	N	I	Ú	N	S	A	F	M	F	J	R	Q	G
K	R	U	N	D	G	N	E	L	E	T	C	Þ	V	S
X	P	G	W	O	D	S	E	N	T	I	M	E	T	R

SENTIMETR
GRÁĐA
AUKASTAF
GRAMM
HÆĐ
KÍLÓ
KÍLÓMETRA
BREIDD
LÍTRI
LENGD

MESSI
MÆLIR
MÍNÚTA
BÆTI
ÚNSA
ÞYNGD
TOMMU
DÝPT
TONN
BINDI

1 - Adjectifs #2

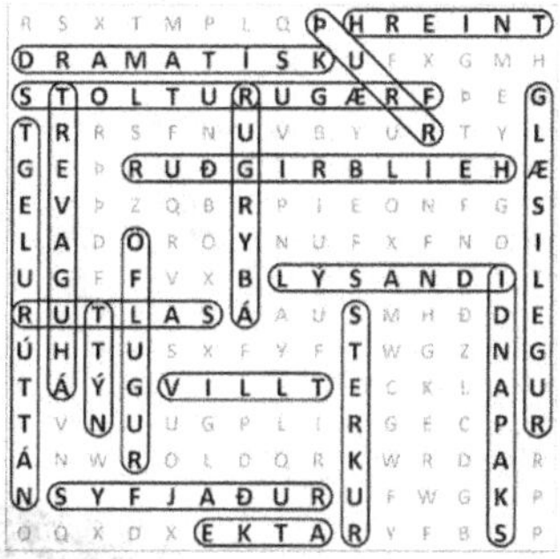

2 - Formes

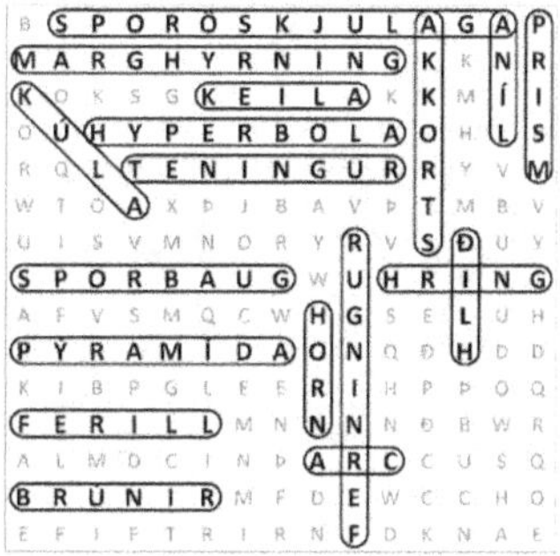

3 - Force et Gravité

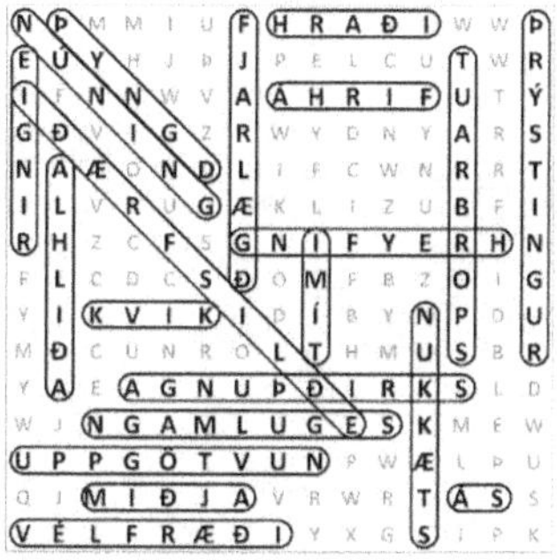

4 - Adjectifs #1

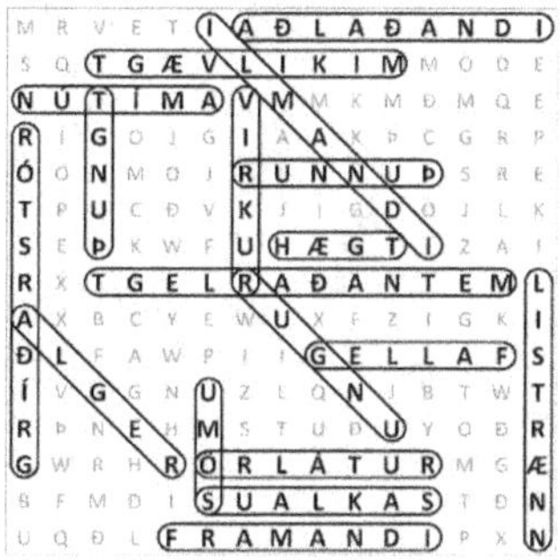

5 - Instruments de Musique

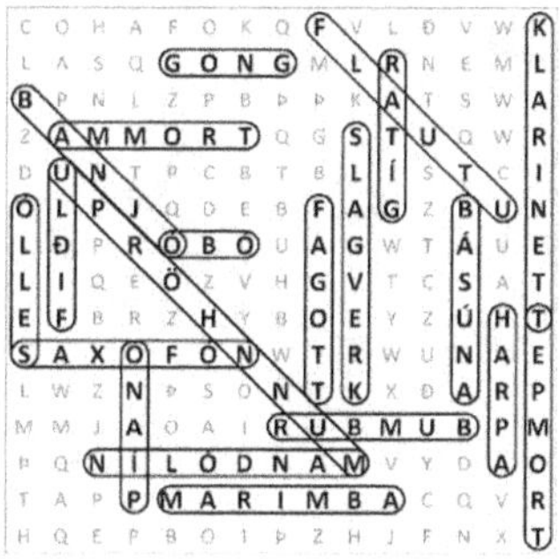

6 - Échecs

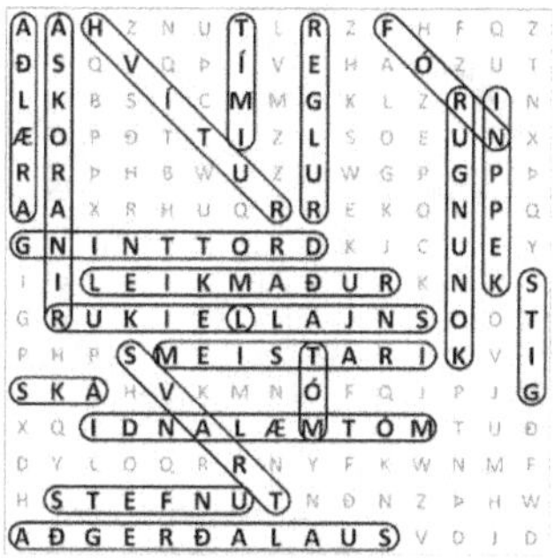

7 - Herboristerie

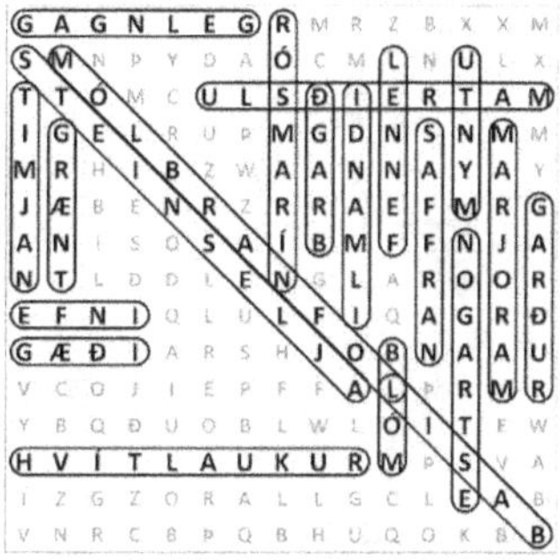

8 - Photographie

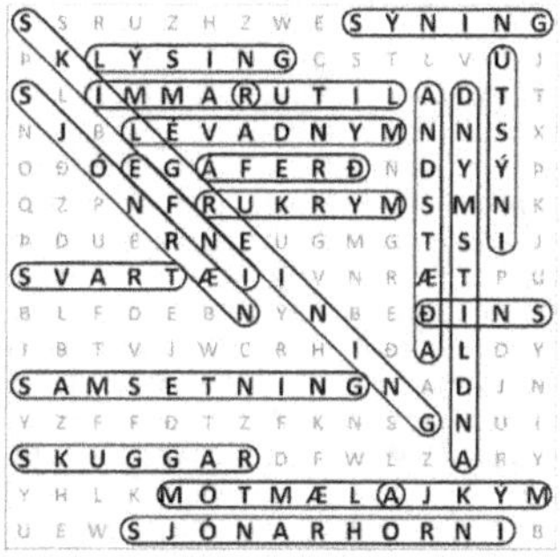

9 - Véhicules

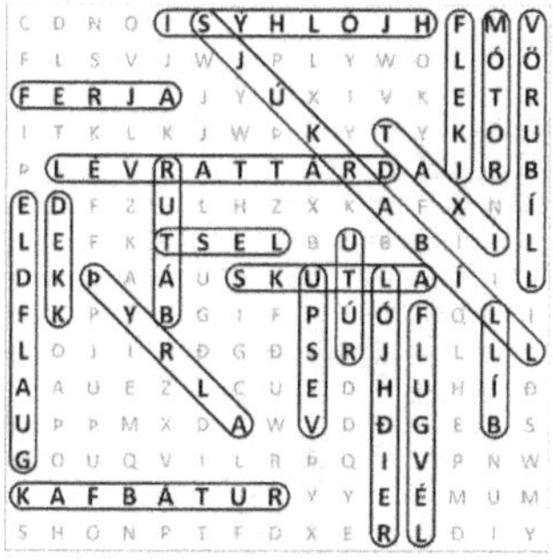

10 - Camping

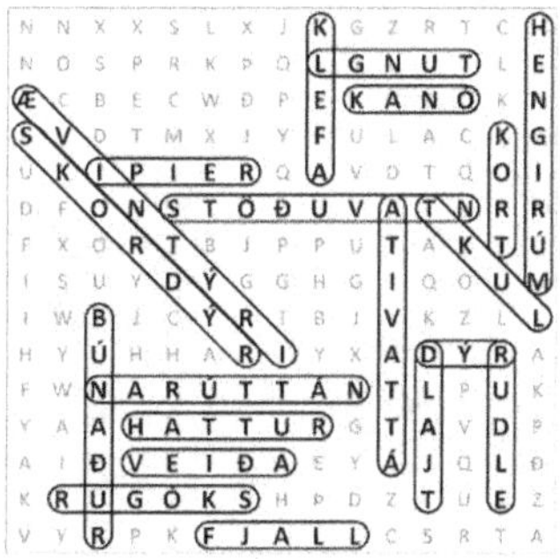

11 - Géométrie

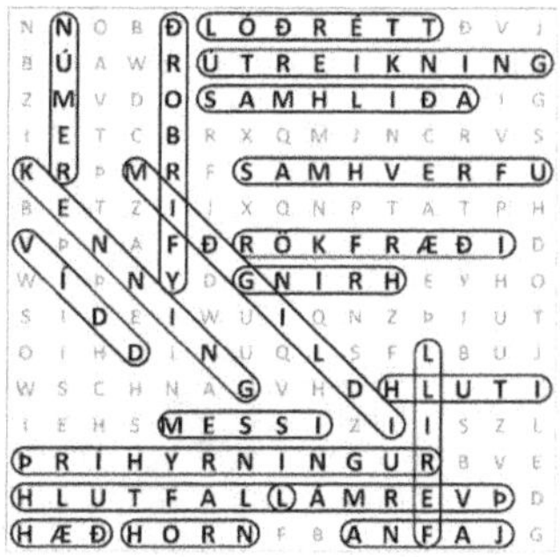

12 - Les Médias

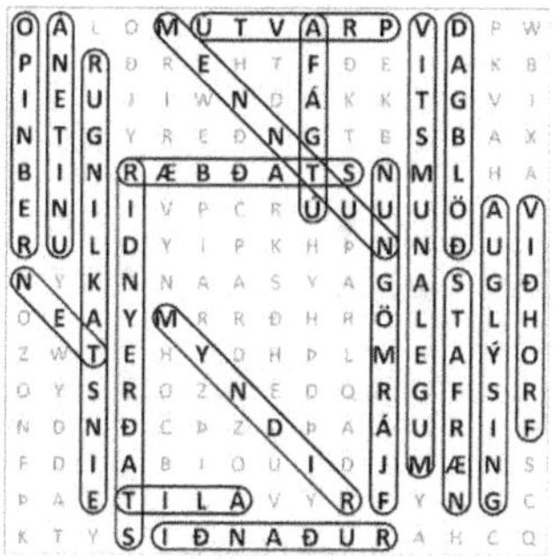

13 - Diplomatie

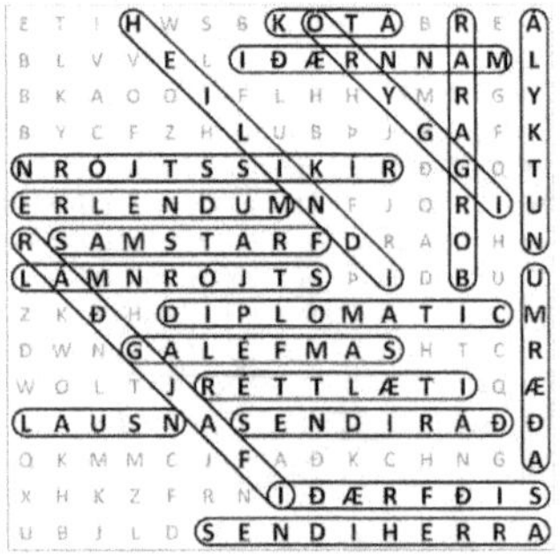

14 - Électricité

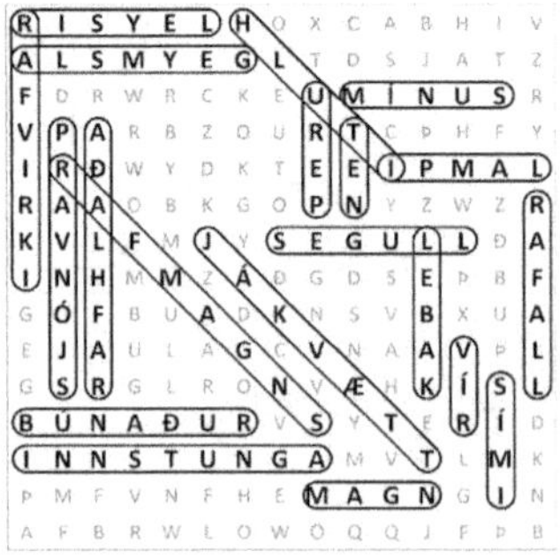

15 - Astronomie

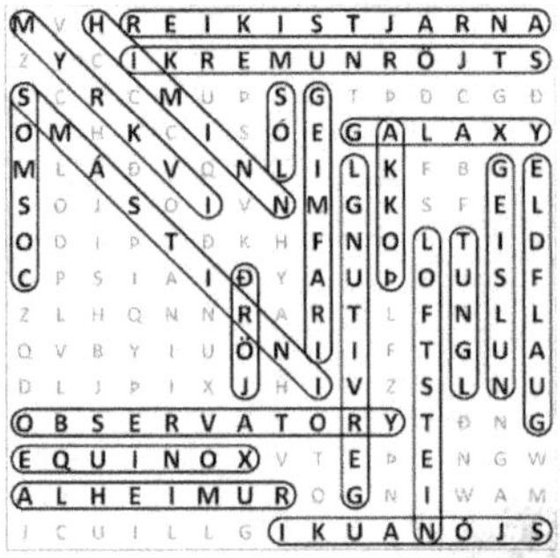

16 - Physique

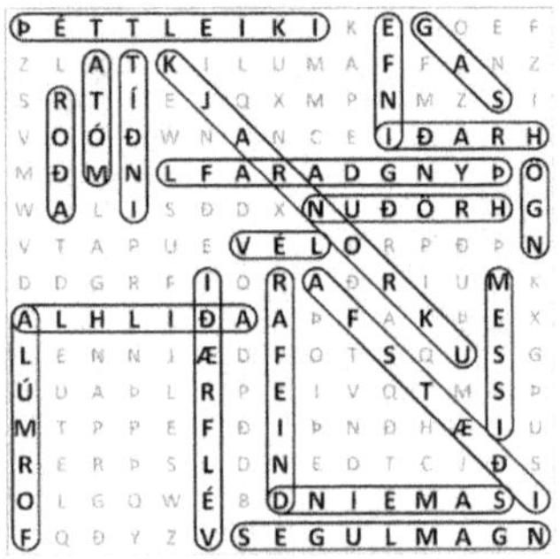

17 - Types de Cheveux

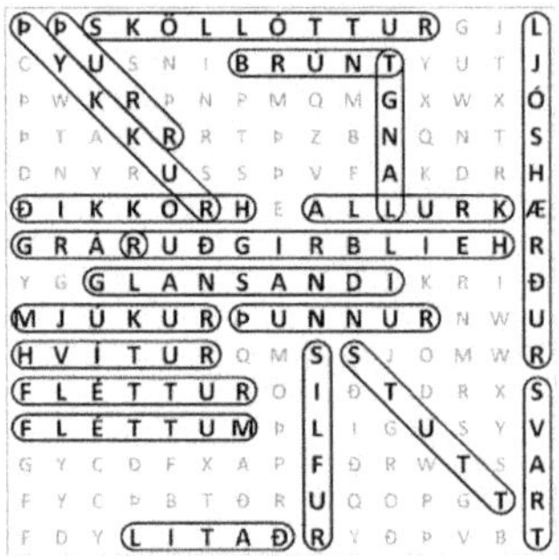

18 - Archéologie

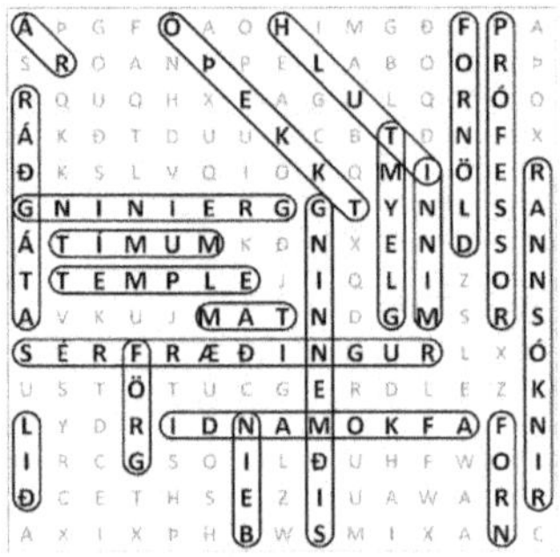

19 - Mammifères

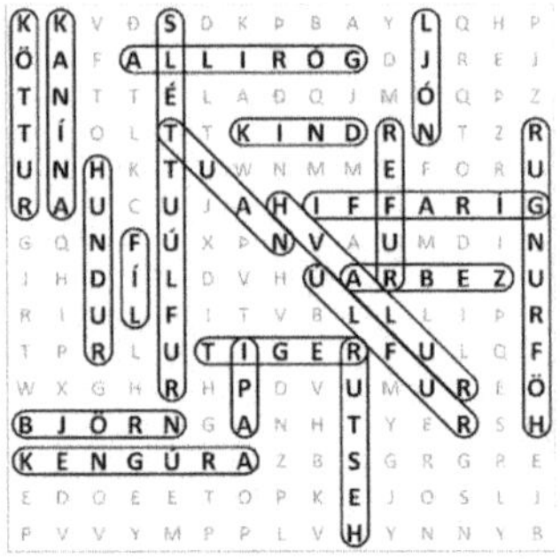

20 - Chocolat

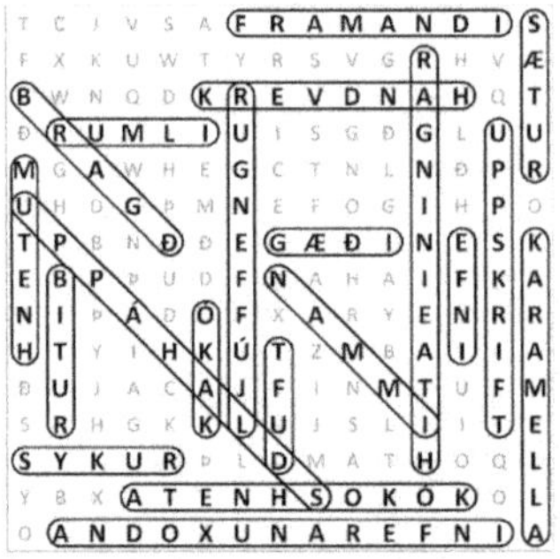

21 - Mathématiques

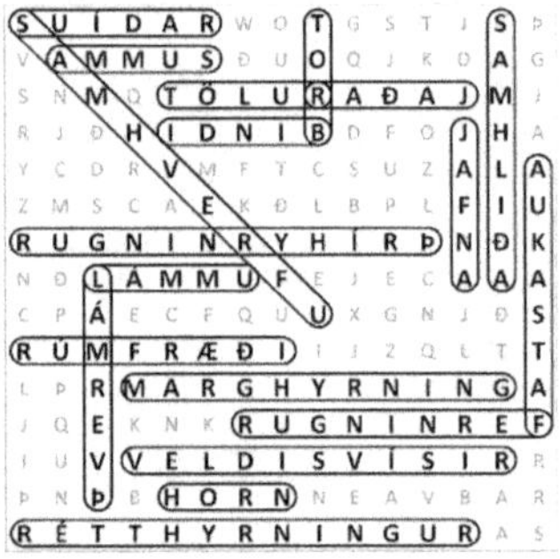

22 - Sport

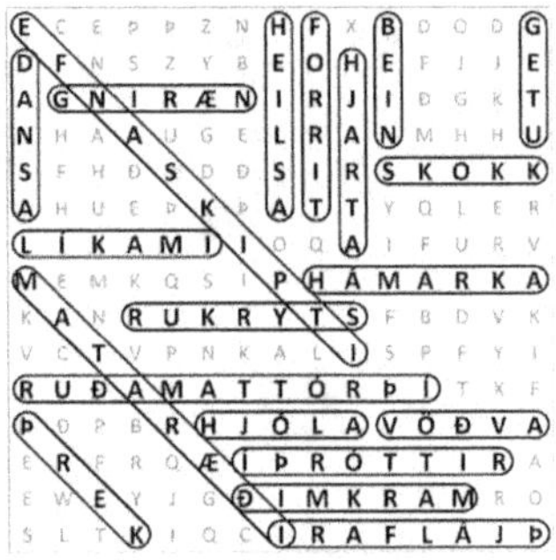

23 - Mythologie

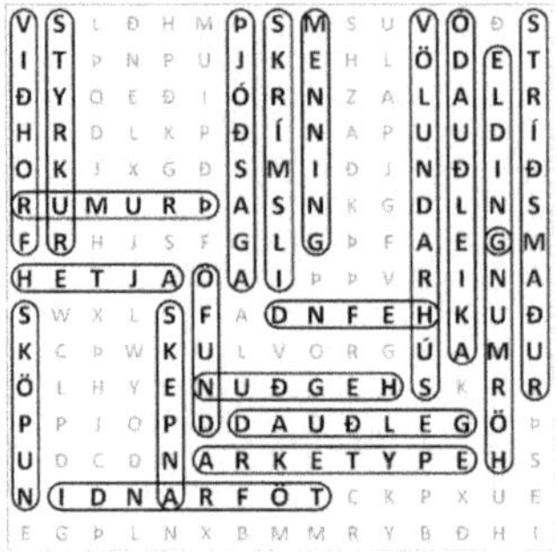

24 - Restaurant #2

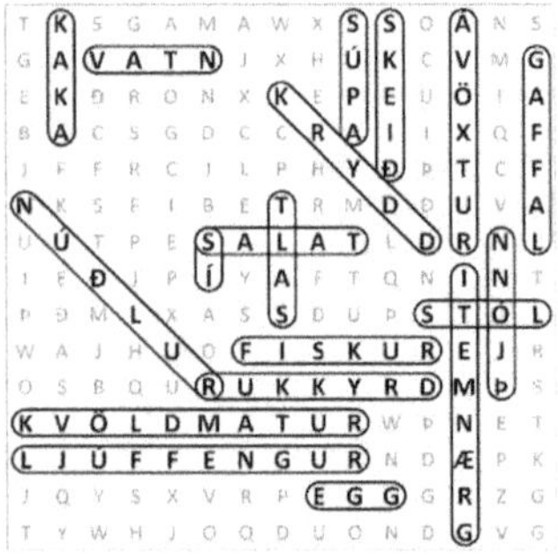

25 - Beauté

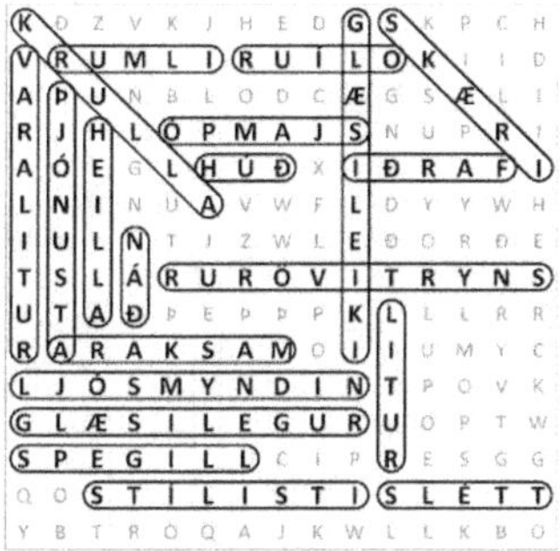

26 - Avions

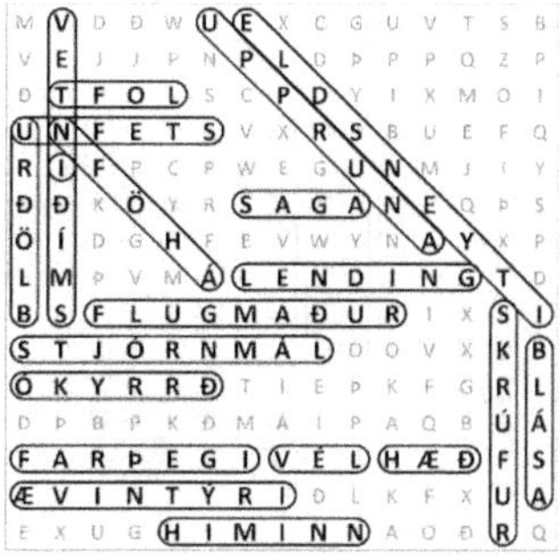

27 - Aventure

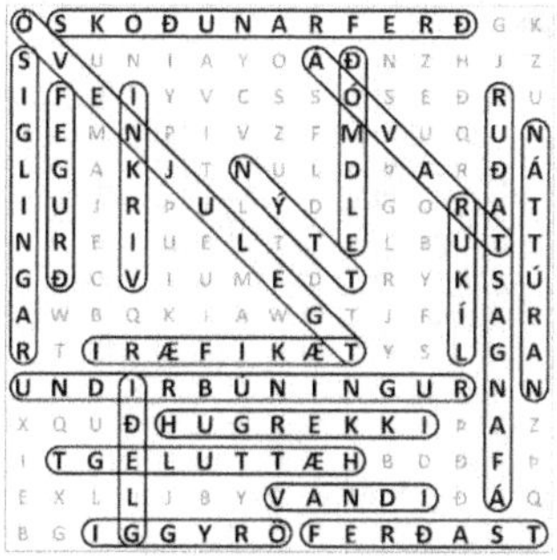

28 - Ville

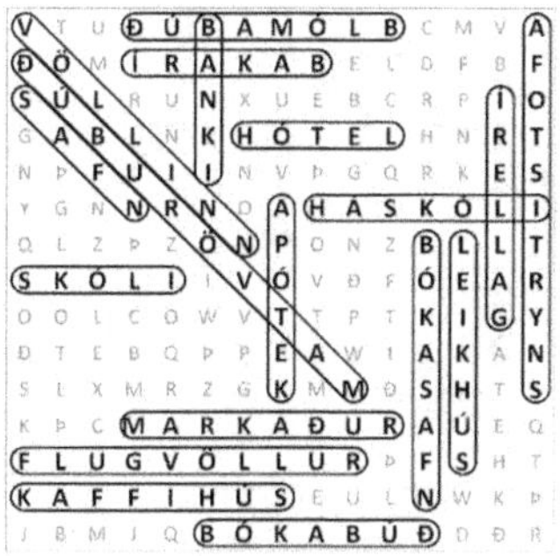

29 - Ingénierie

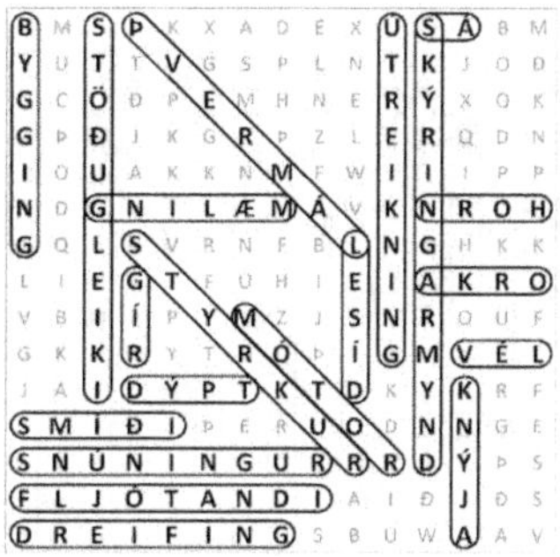

30 - Énergie

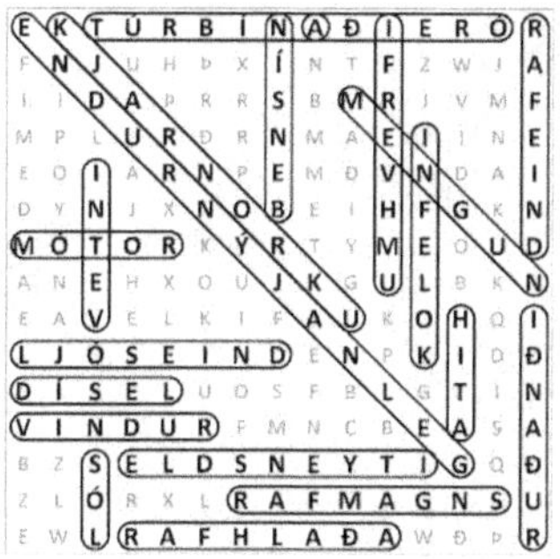

31 - Cuisine

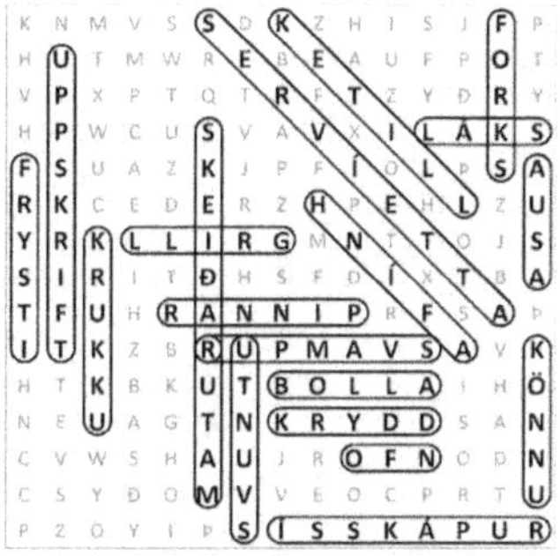

32 - Corps Humain

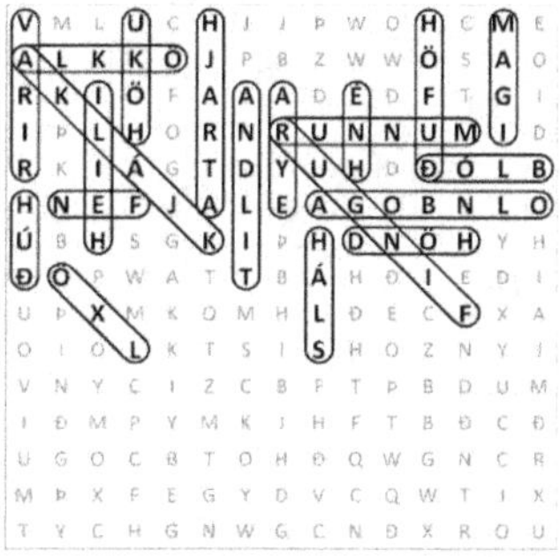

33 - Biologie

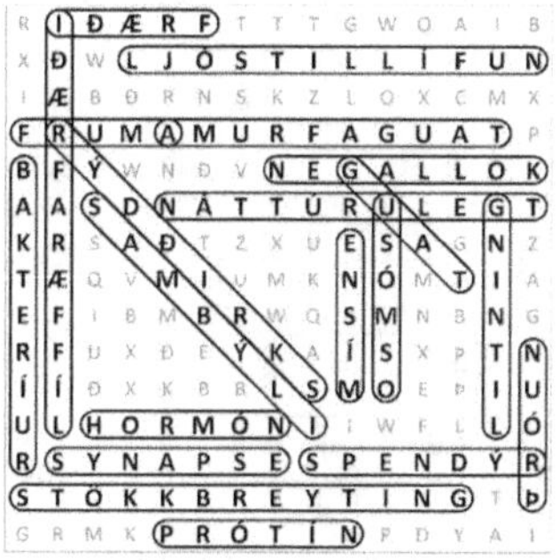

34 - Épices

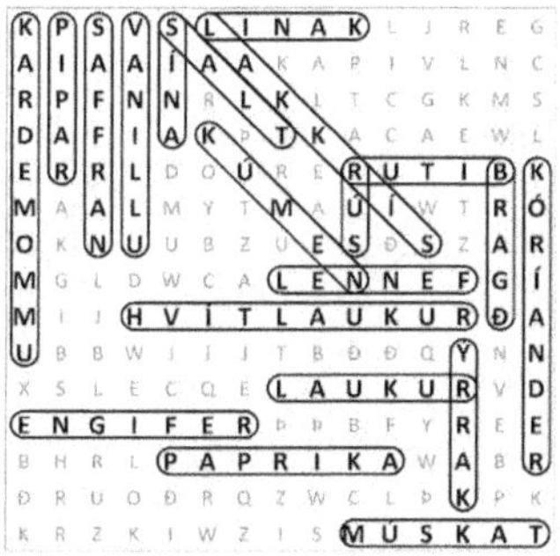

35 - Agronomie

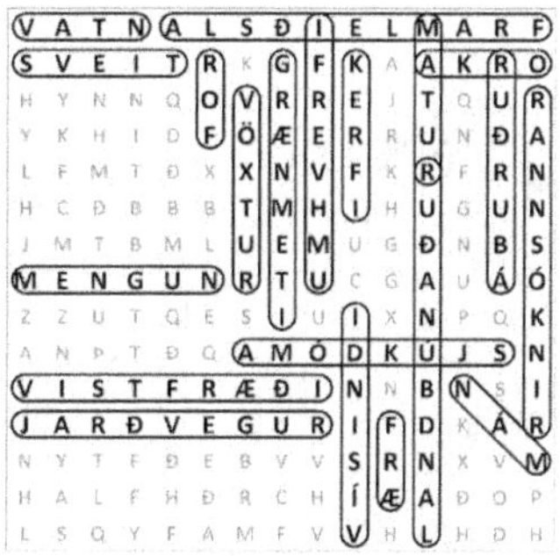

36 - Vêtements

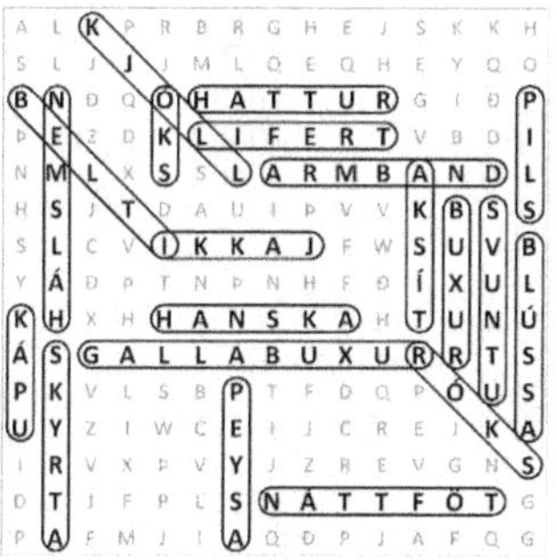

37 - Arts Visuels

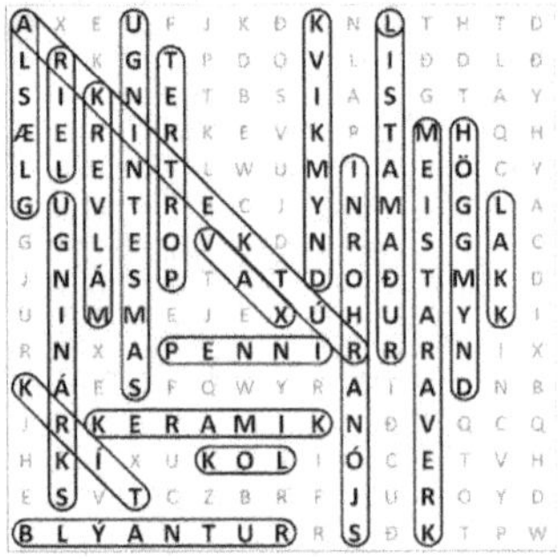

38 - Méditation

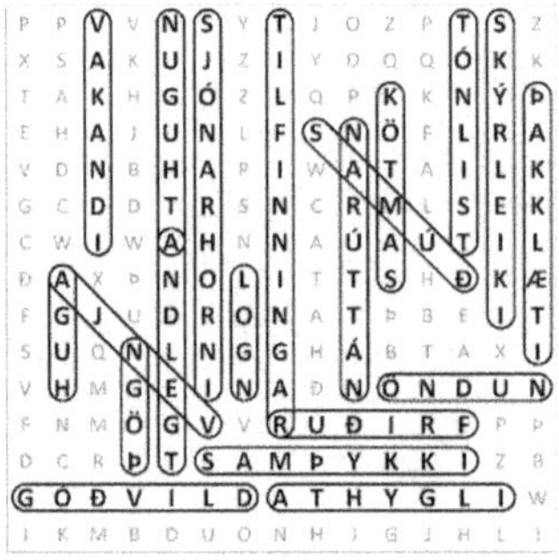

39 - Littérature

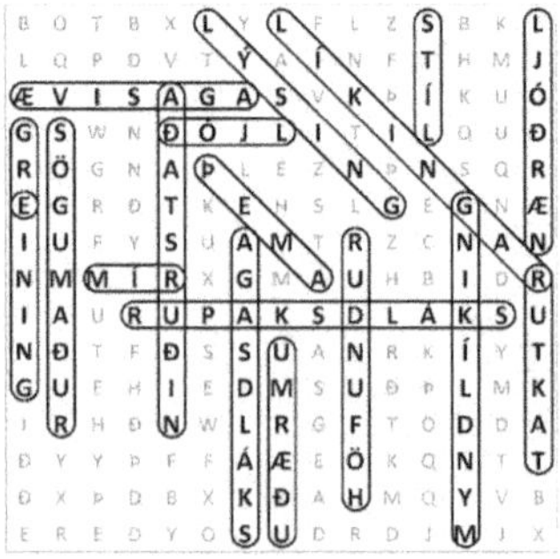

40 - Nourriture #1

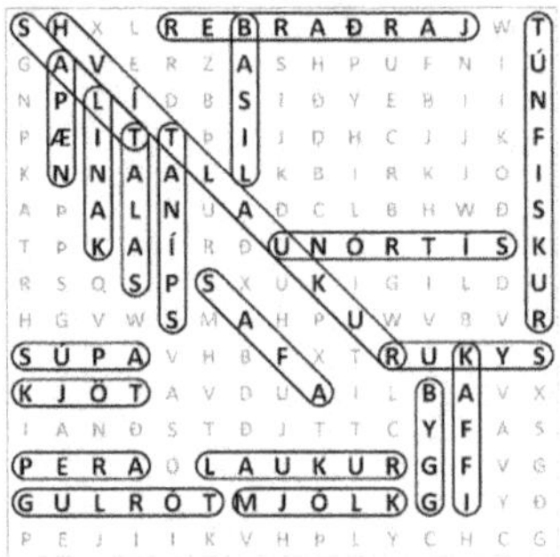

41 - Jours et Mois

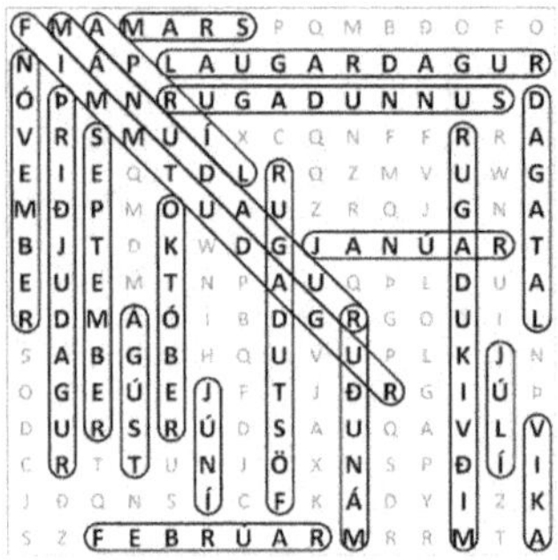

42 - Jardinage

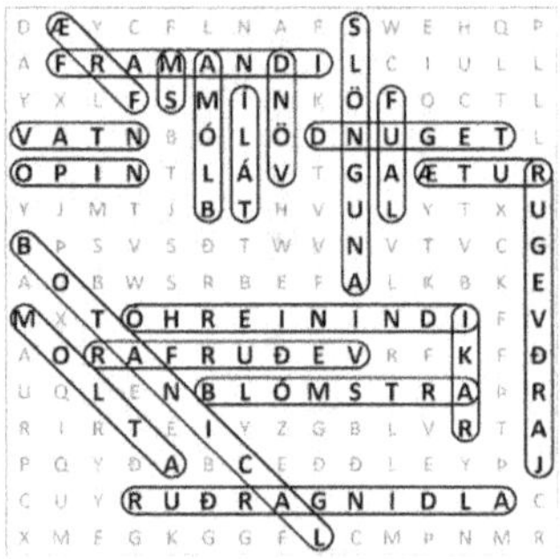

43 - Entreprise

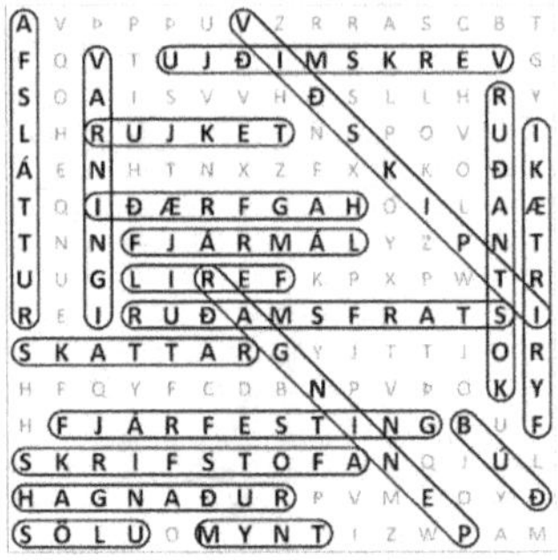

44 - Activités

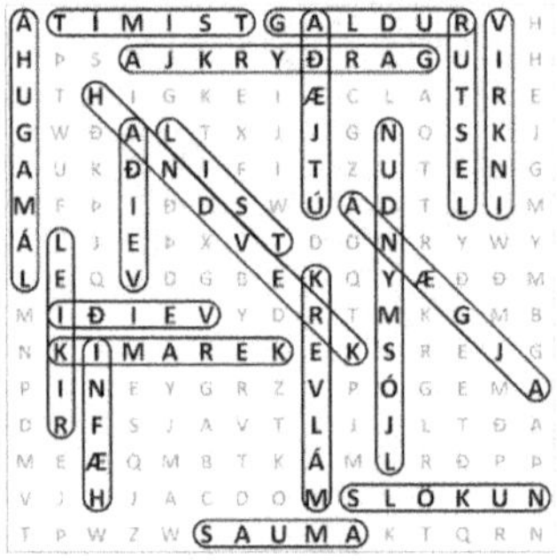

45 - Mode

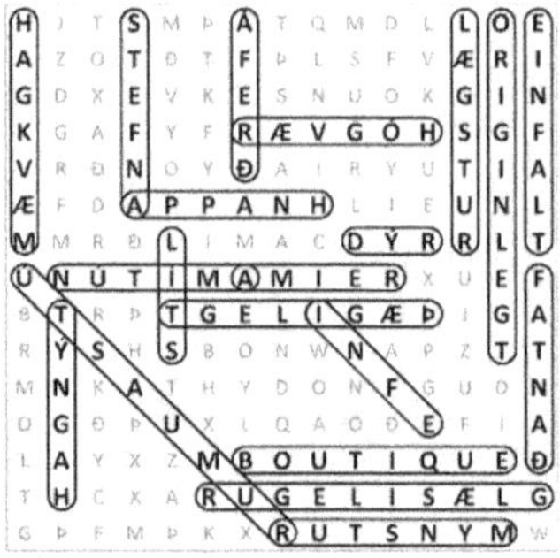

46 - Fleurs

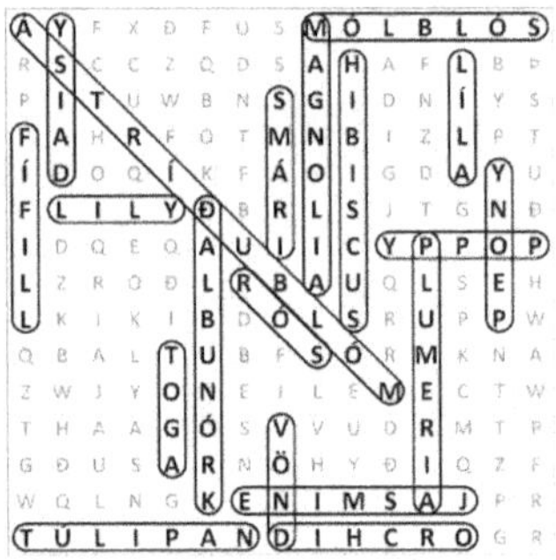

47 - Nourriture #2

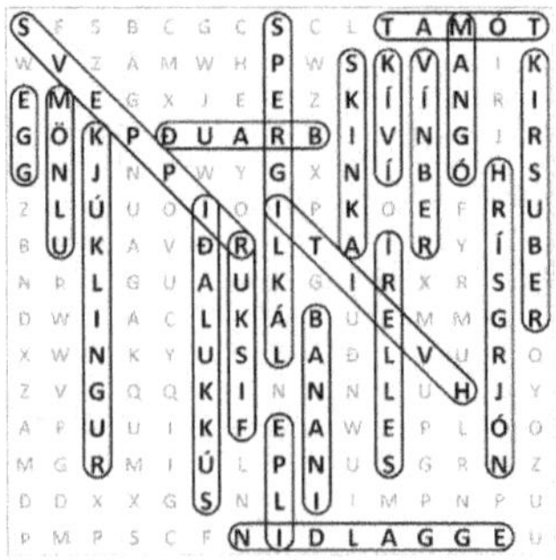

48 - Algèbre

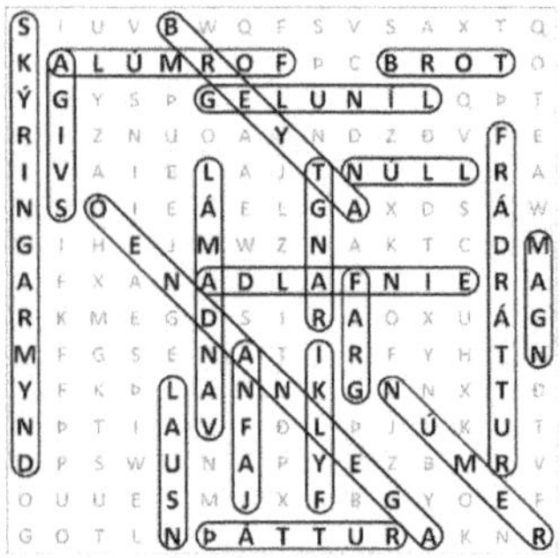

49 - Océan

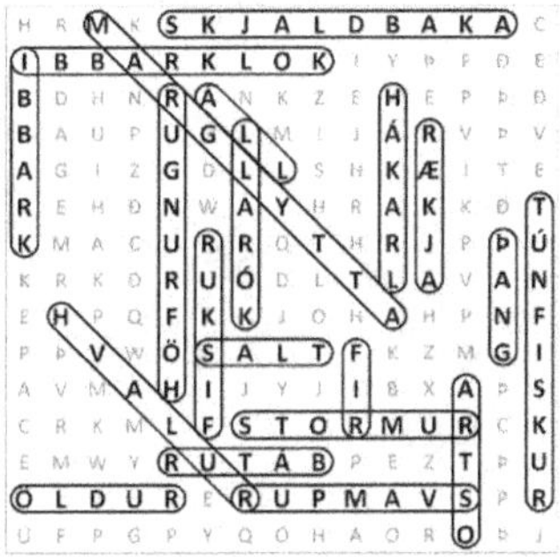

50 - Antiquités

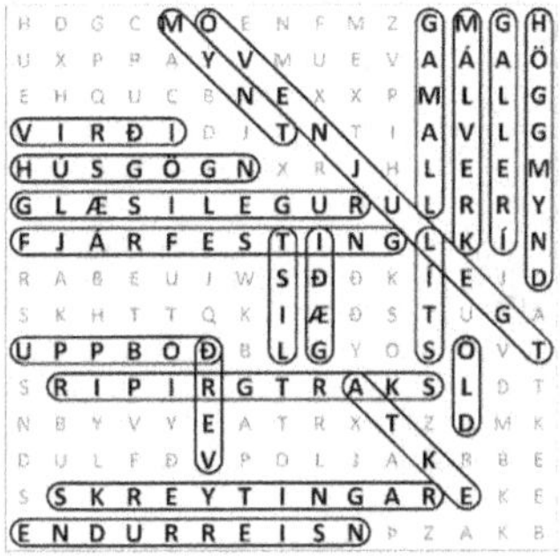

51 - Boxe

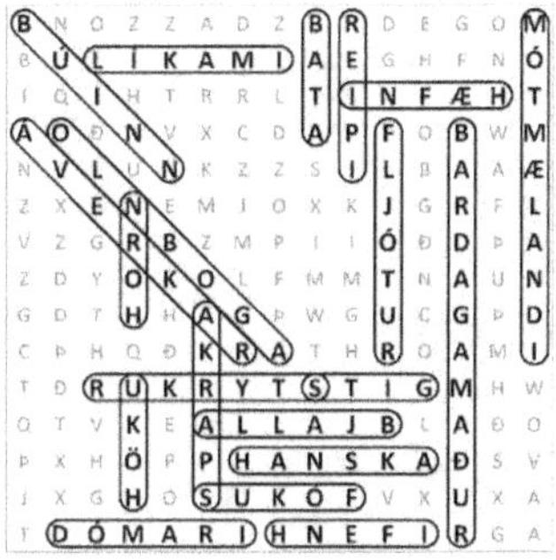

52 - Réchauffement Cli

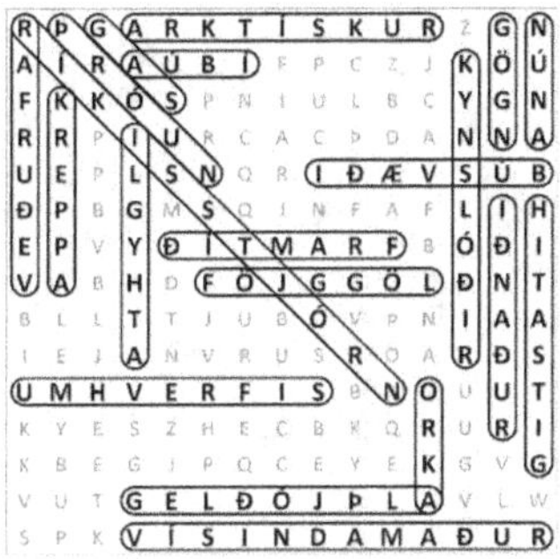

53 - Ballet

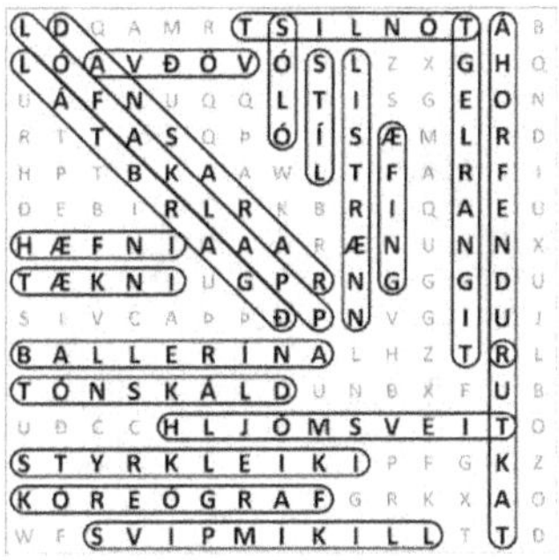

54 - Fruit

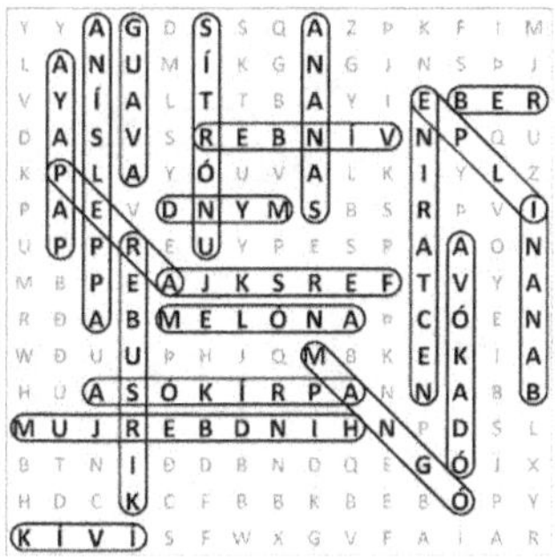

55 - Météo

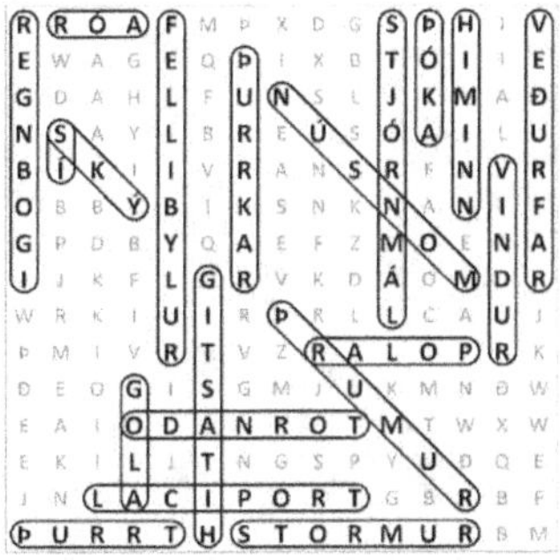

56 - L'Entreprise

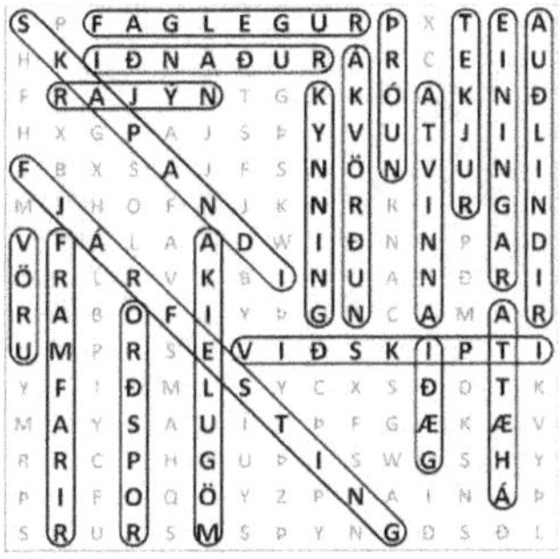

57 - Gouvernement

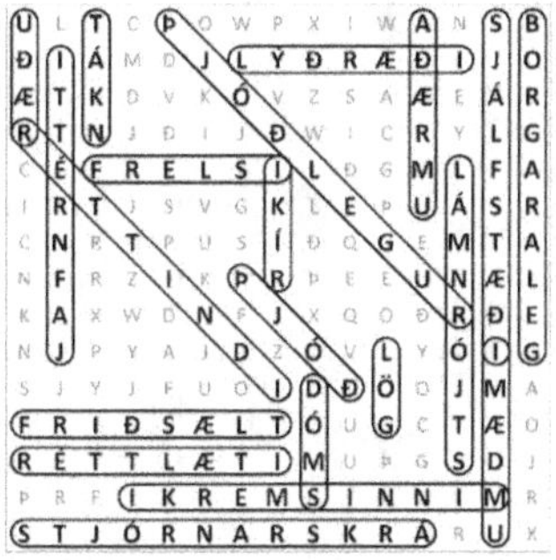

58 - Randonnée

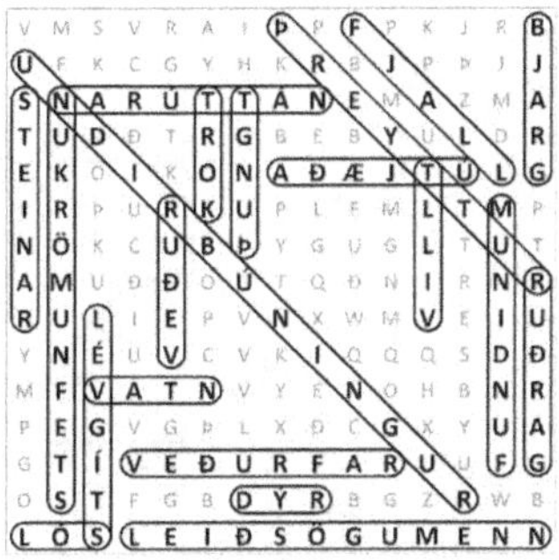

59 - Nutrition

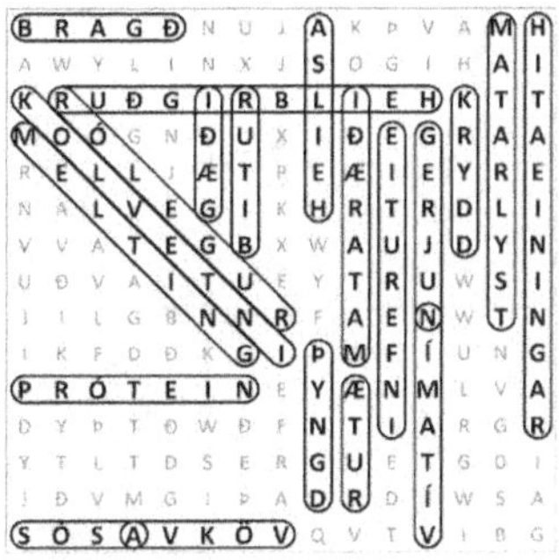

60 - Science Fiction

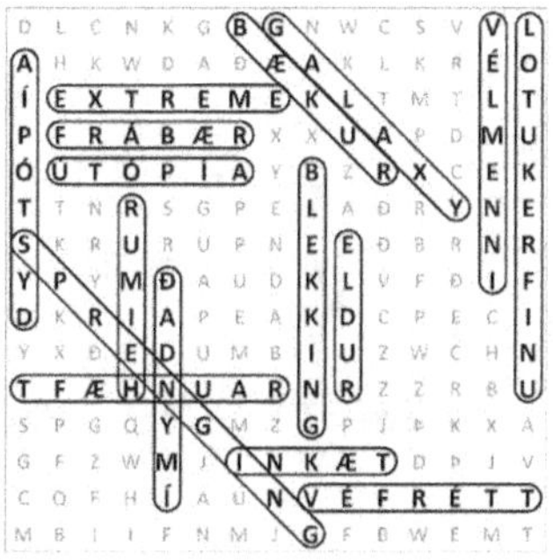

61 - Vertus #1

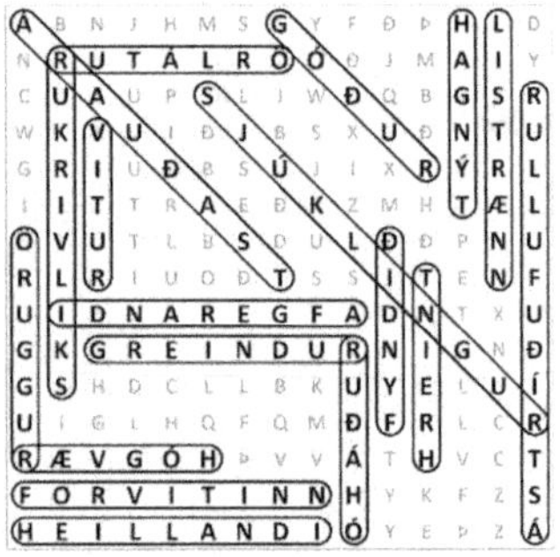

62 - Professions #1

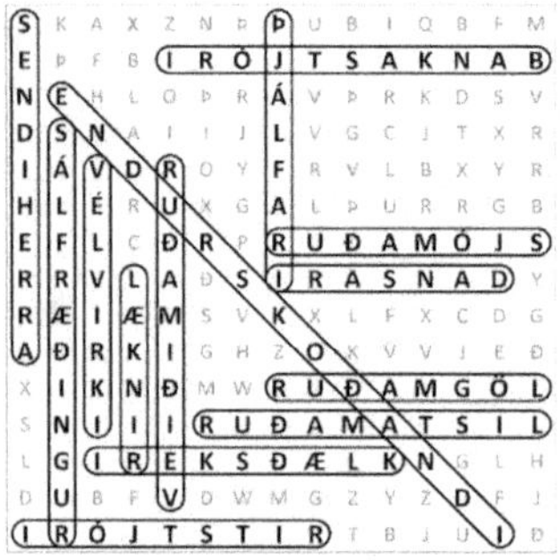

63 - Géologie

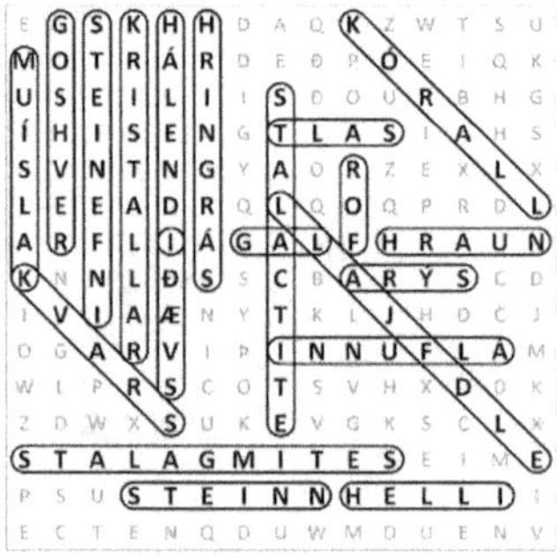

64 - Jardin

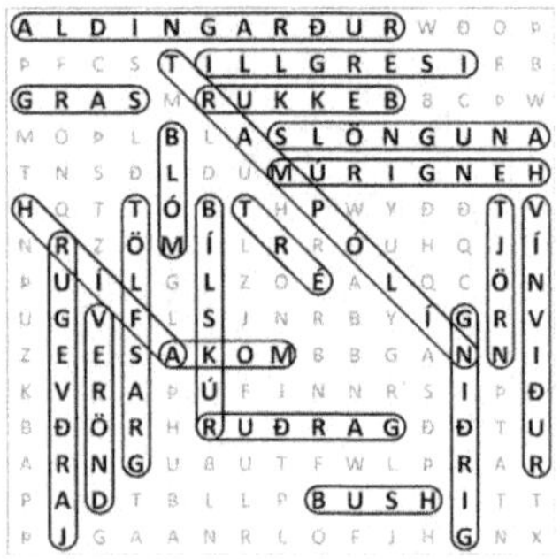

65 - Santé et Bien Être #1

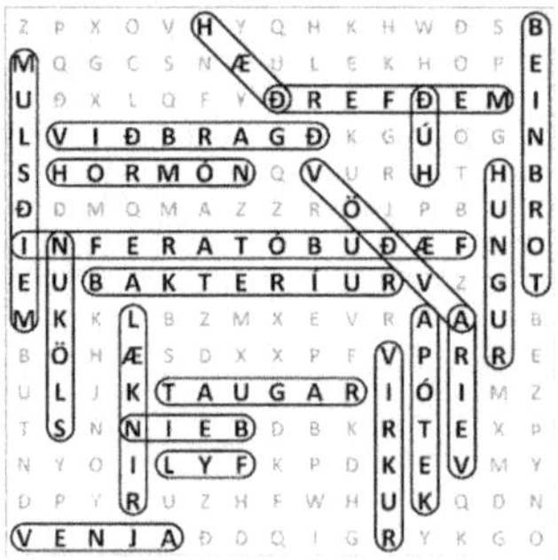

66 - Barbecues

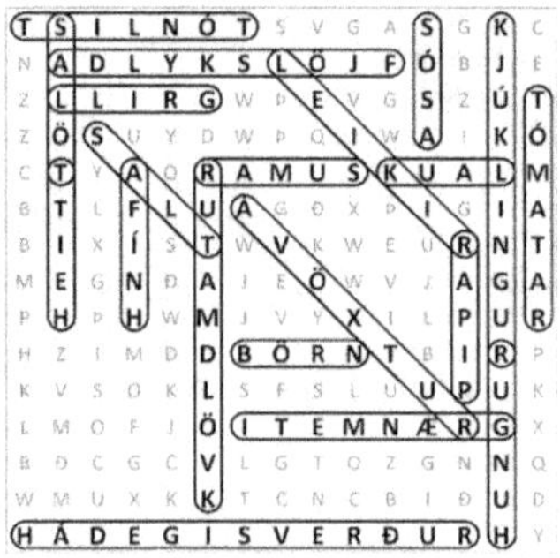

67 - Forêt Tropicale

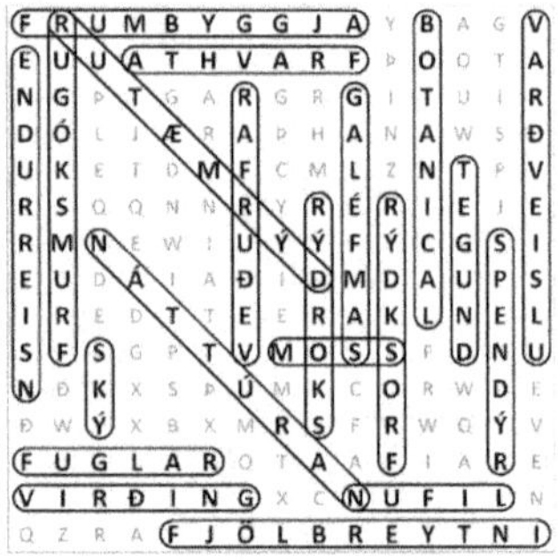

68 - Insectes

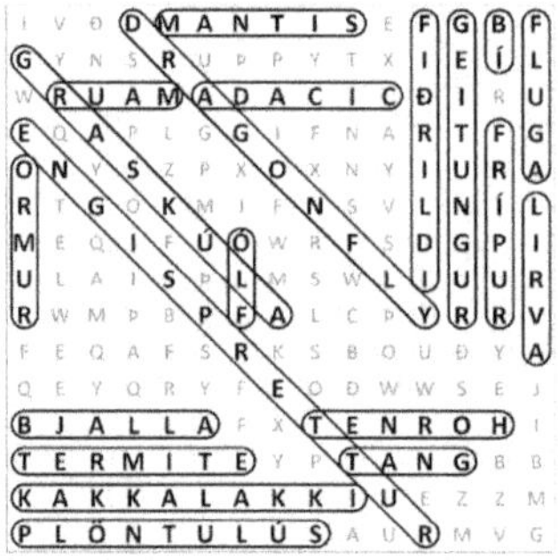

69 - Ferme #1

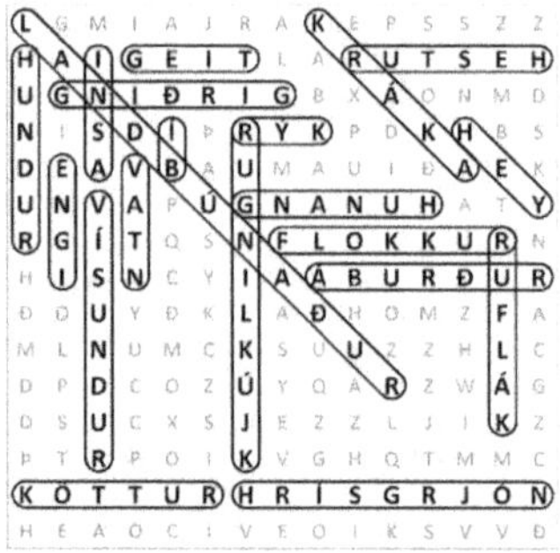

70 - Café

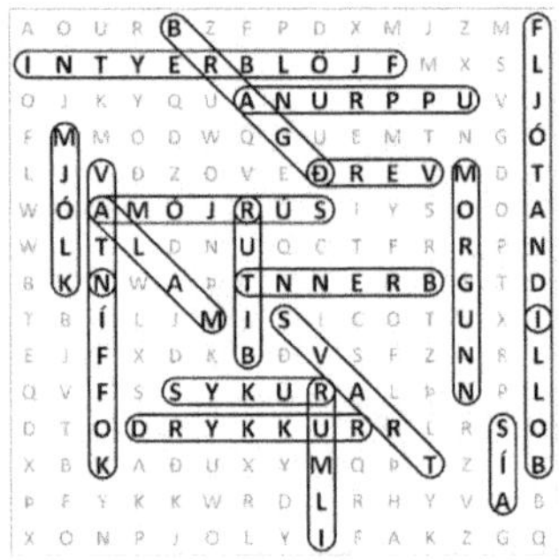

71 - Antarctique

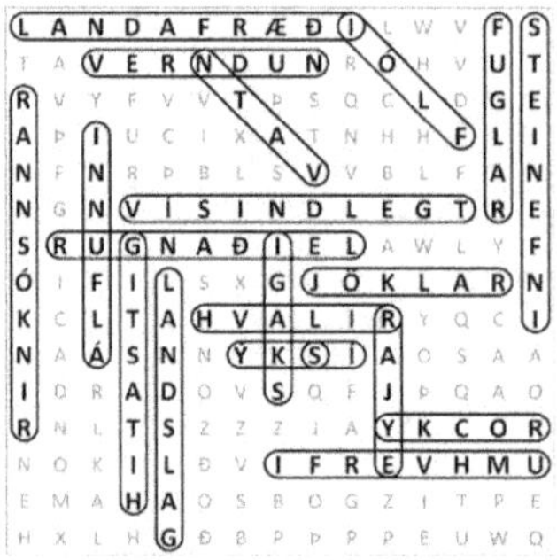

72 - Professions #2

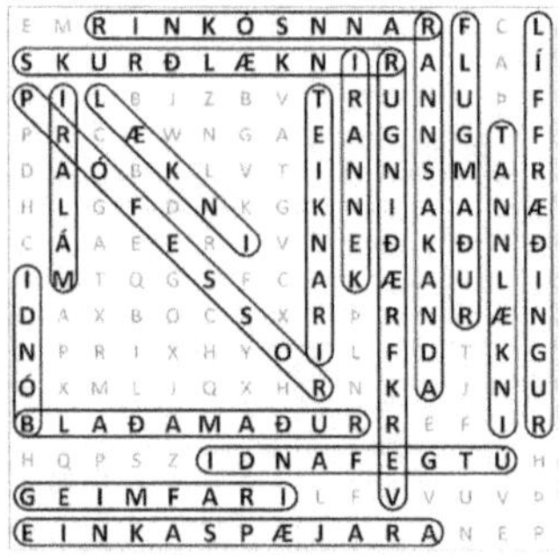

73 - Les Abeilles

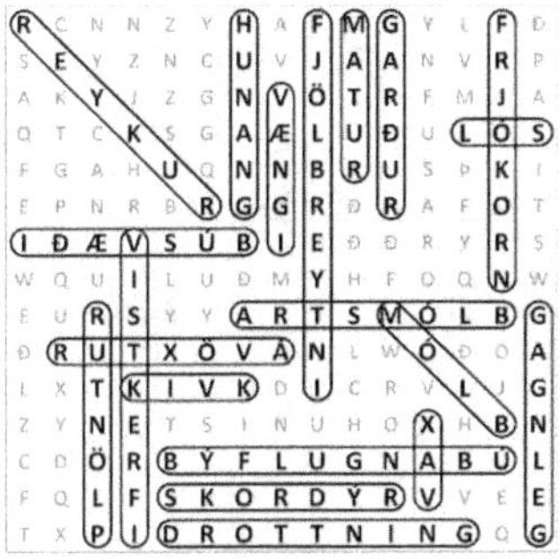

74 - Santé et Bien Être #2

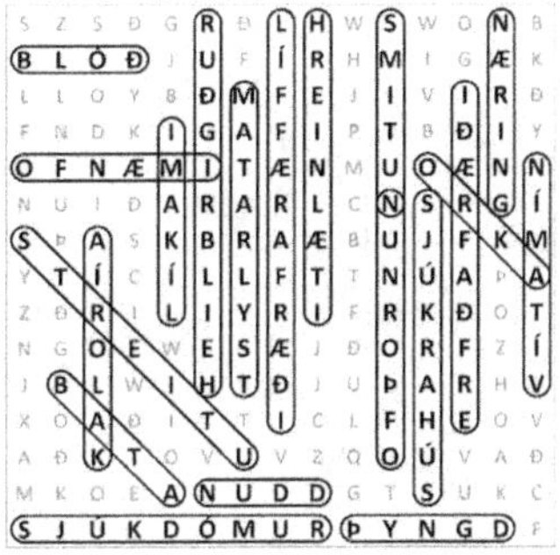

75 - Conduite

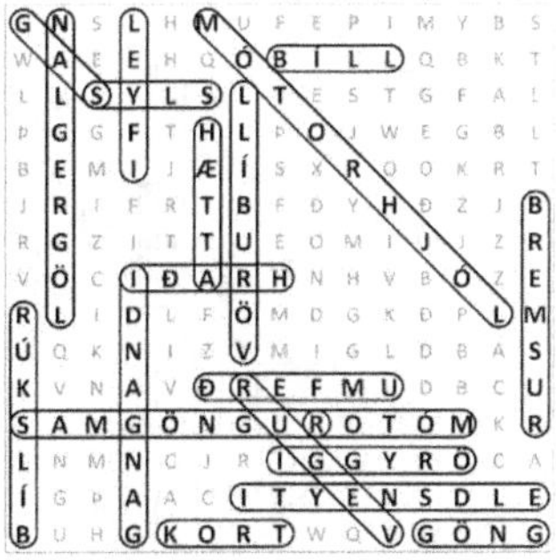

76 - Plantes

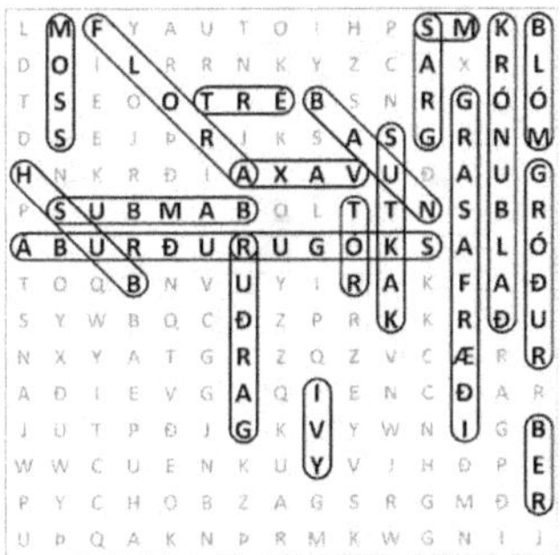

77 - Ferme #2

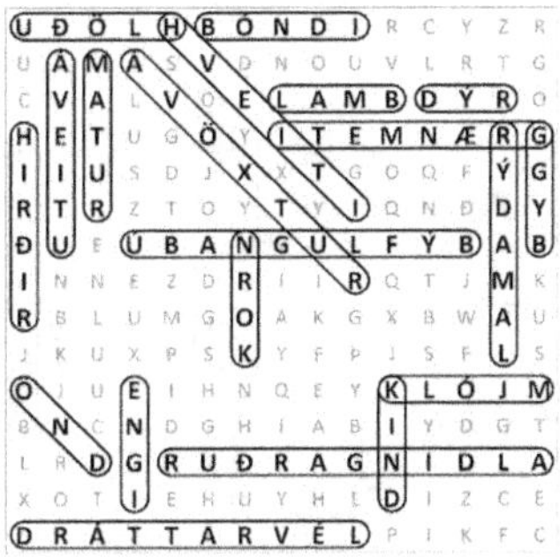

78 - Temps

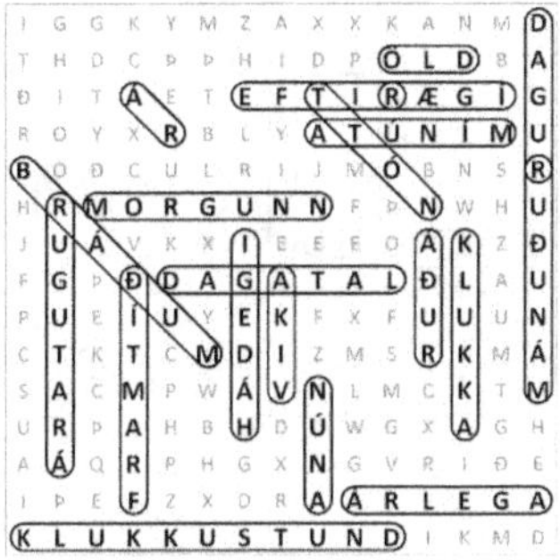

79 - Maison

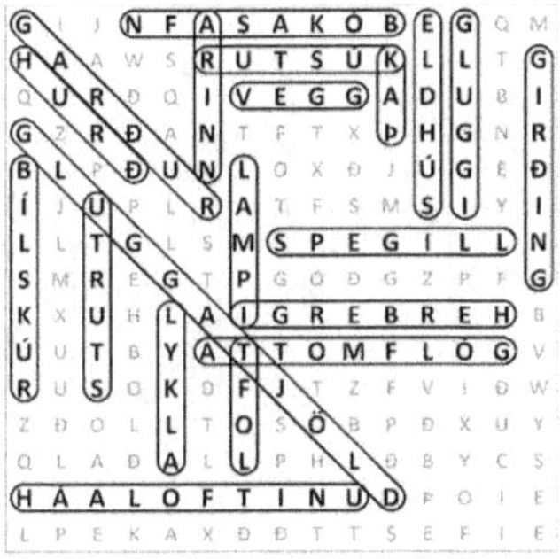

80 - Légumes

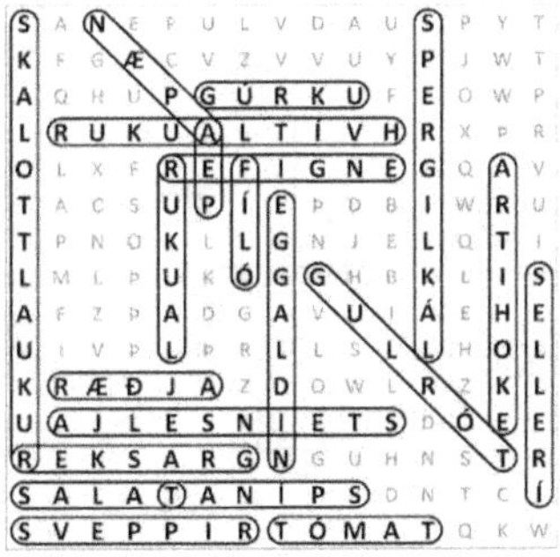

81 - Famille

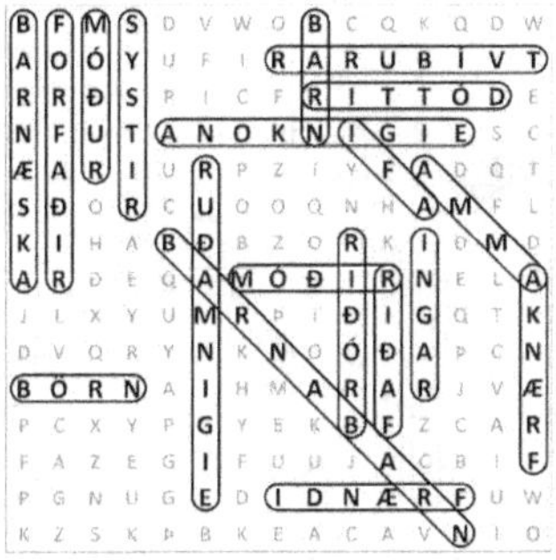

82 - Oiseaux

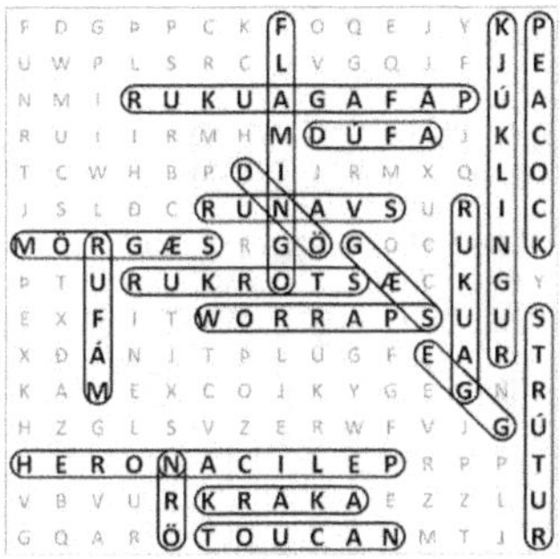

83 - Disciplines Scientifiques

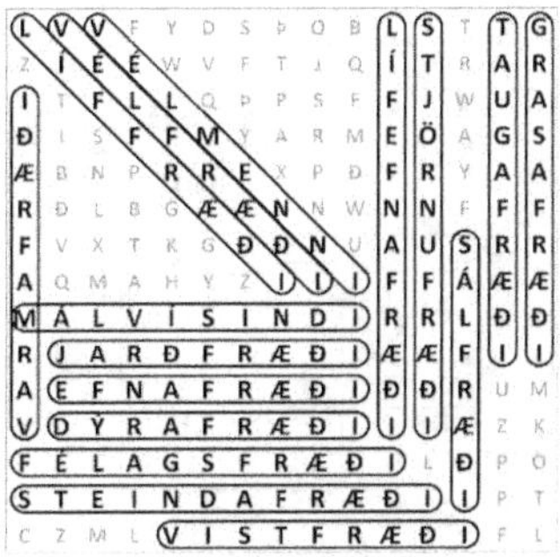

84 - Maladie

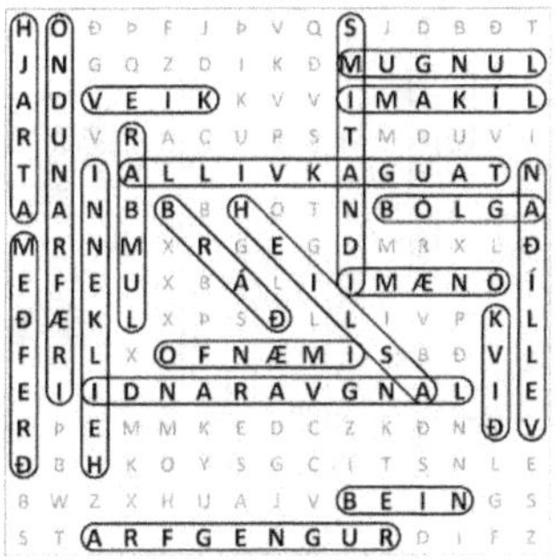

85 - Univers

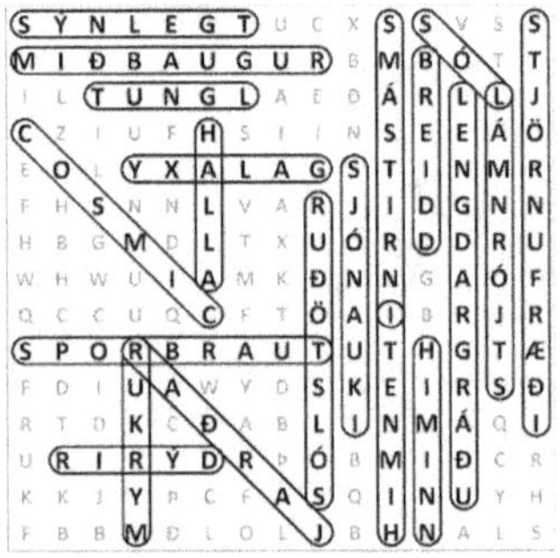

86 - Géographie

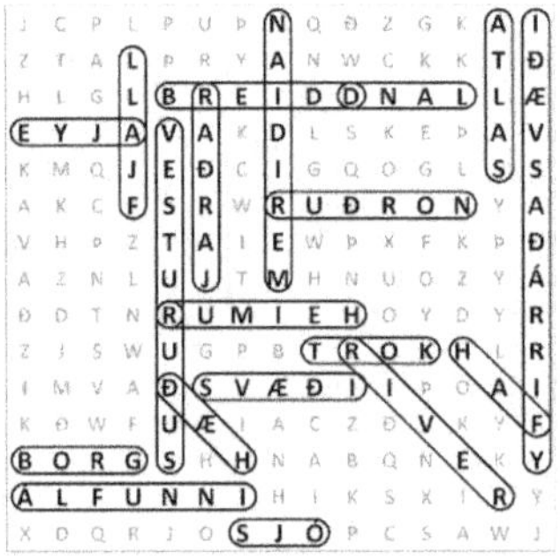

87 - Bâtiments

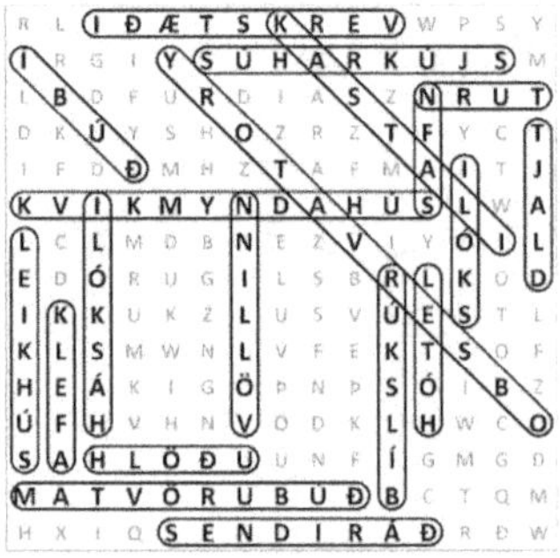

88 - Activités et Loisirs

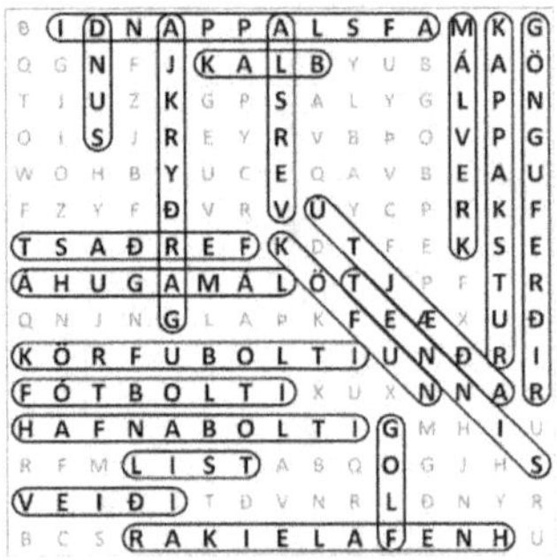

89 - Livres

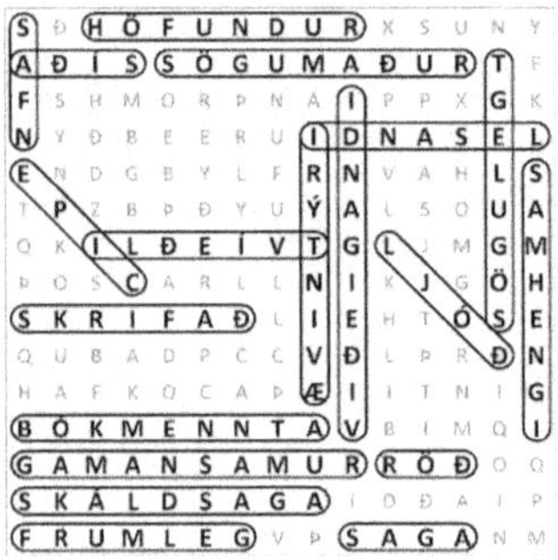

90 - Pays #2

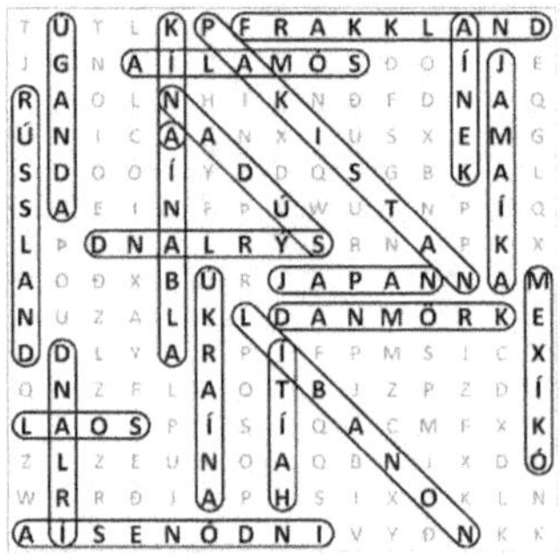

91 - Fournitures d'Art

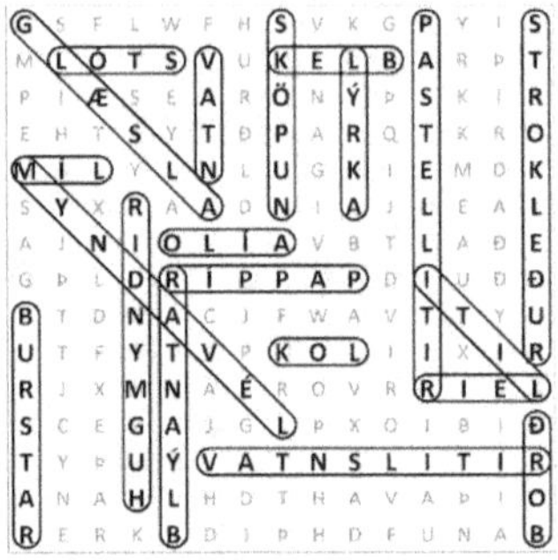

92 - Eau

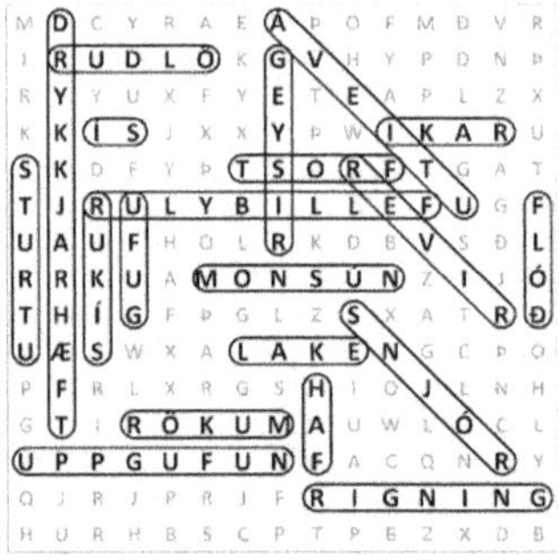

93 - Jazz

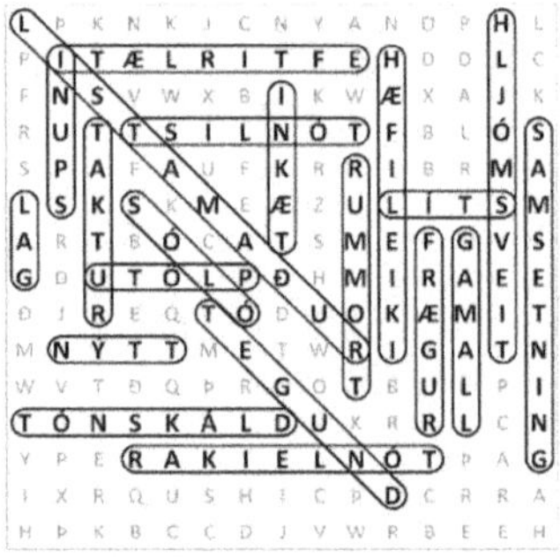

94 - Paysages

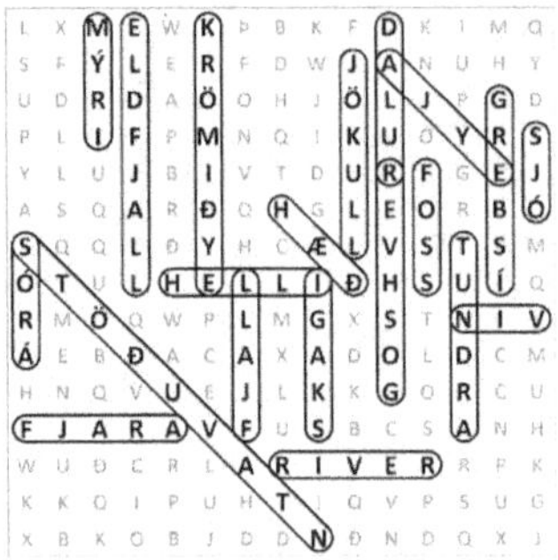

95 - Pays #1

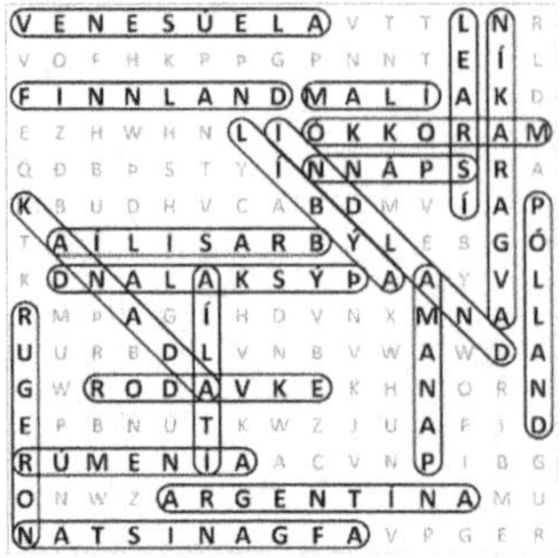

96 - Nombres

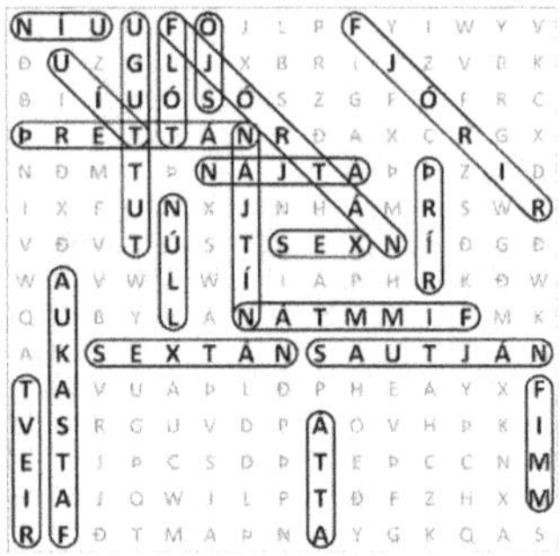

97 - Nature

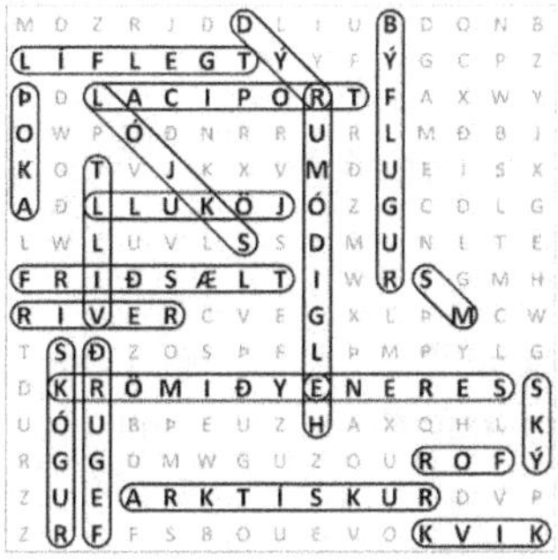

98 - Chimie

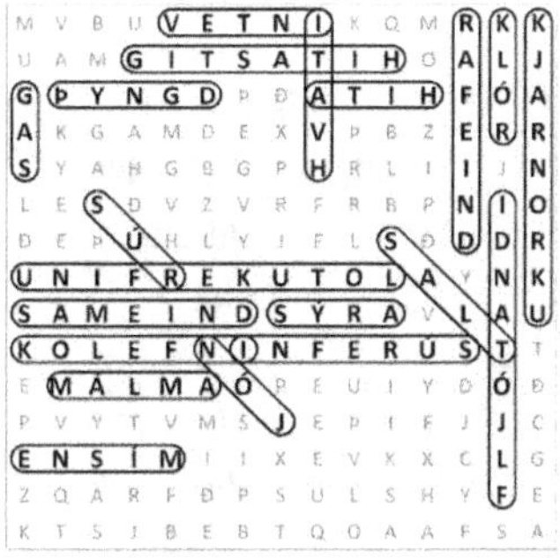

99 - Bateaux

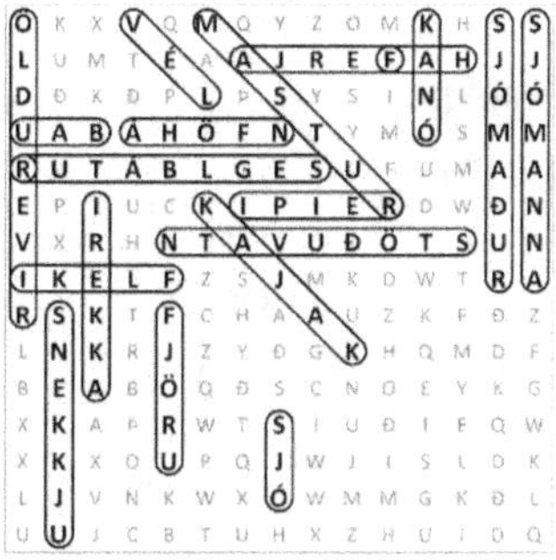

100 - Mesures

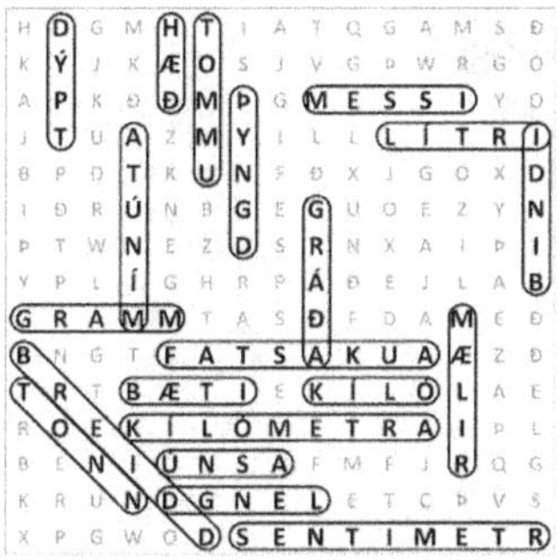

Dictionnaire

Activités
Starfsemi

Activité	Virkni
Art	List
Artisanat	Handverk
Camping	Útjæða
Céramique	Keramik
Chasse	Veiða
Compétence	Hæfni
Couture	Sauma
Intérêts	Áhugamál
Jardinage	Garðyrkja
Jeux	Leikir
Lecture	Lestur
Loisir	Tímist
Magie	Galdur
Peinture	Málverk
Pêche	Veiði
Photographie	Ljósmyndun
Plaisir	Ánægja
Randonnée	Gönguferðir
Relaxation	Slökun

Activités et Loisirs
Starfsemi og Tómstundir

Achats	Versla
Art	List
Base-Ball	Hafnabolti
Basket-Ball	Körfubolti
Boxe	Hnefaleikar
Camping	Útjæða
Course	Kappakstur
Football	Fótbolti
Golf	Golf
Jardinage	Garðyrkja
Nager	Sund
Passe-Temps	Áhugamál
Peinture	Málverk
Pêche	Veiði
Plongée	Köfun
Randonnée	Gönguferðir
Relaxant	Afslappandi
Tennis	Tennis
Volley-Ball	Blak
Voyage	Ferðast

Adjectifs #1
Lýsingarorð #1

Absolu	Alger
Actif	Virkur
Ambitieux	Metnaðarlegt
Aromatique	Ilmandi
Artistique	Listrænn
Attractif	Aðlaðandi
Beau	Falleg
Exotique	Framandi
Énorme	Gríðarstór
Généreux	Örlátur
Honnête	Heiðarlegur
Identique	Sömu
Important	Mikilvægt
Innocent	Saklaus
Jeune	Ungur
Lent	Hægt
Lourd	Þungt
Mince	Þunnur
Moderne	Nútíma
Parfait	Fullkominn

Adjectifs #2
Lýsingarorð #2

Authentique	Ekta
Célèbre	Frægur
Créatif	Skapandi
Descriptif	Lýsandi
Dramatique	Dramatísk
Élégant	Glæsilegur
Fier	Stoltur
Fort	Sterkur
Intéressant	Áhugavert
Naturel	Náttúrulegt
Nouveau	Nýtt
Productif	Afkastamikill
Puissant	Öflugur
Pur	Hreint
Responsable	Ábyrgur
Sain	Heilbrigður
Salé	Saltur
Sauvage	Villt
Sec	Þurr
Somnolent	Syfjaður

Agronomie
Jarðfræði

Agriculture	Landbúnaður
Croissance	Vöxtur
Eau	Vatn
Engrais	Áburður
Environnement	Umhverfi
Écologie	Vistfræði
Énergie	Orka
Érosion	Rof
Étude	Nám
Graines	Fræ
Légumes	Grænmeti
Maladies	Sjúkdóma
Nourriture	Matur
Pollution	Mengun
Production	Framleiðsla
Recherche	Rannsóknir
Rural	Sveit
Science	Vísindi
Sol	Jarðvegur
Systèmes	Kerfi

Algèbre
Algebru

Diagramme	Skýringarmynd
Exposant	Veldisvísir
Équation	Jafna
Facteur	Þáttur
Faux	Rangt
Formule	Formúla
Fraction	Brot
Graphique	Graf
Infini	Óendanlega
Linéaire	Línuleg
Matrice	Fylki
Nombre	Númer
Parenthèse	Sviga
Problème	Vandamál
Quantité	Magn
Simplifier	Einfalda
Solution	Lausn
Soustraction	Frádráttur
Variable	Breyta
Zéro	Núll

Antarctique
Suðurskautslandið

Baie	Flói
Baleines	Hvalir
Chercheur	Rannsóknir
Conservation	Verndun
Continent	Álfunni
Eau	Vatn
Environnement	Umhverfi
Expédition	Leiðangur
Géographie	Landafræði
Glace	Ís
Glaciers	Jöklar
Îles	Eyjar
Minéraux	Steinefni
Nuage	Ský
Oiseaux	Fuglar
Péninsule	Skagi
Rocheux	Rocky
Scientifique	Vísindlegt
Température	Hitastig
Topographie	Landslag

Antiquités
Fornminjar

Art	List
Authentique	Ekta
Bijoux	Skartgripir
Décoratif	Skreytingar
Enchères	Uppboð
Élégant	Glæsilegur
Galerie	Gallerí
Inhabituel	Óvenjulegt
Investissement	Fjárfesting
Meubles	Húsgögn
Peintures	Málverk
Pièces	Mynt
Prix	Verð
Qualité	Gæði
Restauration	Endurreisn
Sculpture	Höggmynd
Siècle	Öld
Style	Stíl
Valeur	Virði
Vieux	Gamall

Archéologie
Fornleifafræði

Analyse	Greining
Ancien	Forn
Années	Ár
Antiquité	Fornöld
Chercheur	Rannsóknir
Civilisation	Siðmenning
Descendant	Afkomandi
Expert	Sérfræðingur
Ère	Tímum
Équipe	Lið
Évaluation	Mat
Inconnu	Óþekkt
Mystère	Ráðgáta
Objets	Hluti
Os	Bein
Oublié	Gleymt
Professeur	Prófessor
Relique	Minni
Temple	Temple
Tombe	Gröf

Arts Visuels
Myndlist

Architecture	Arkitektúr
Argile	Leir
Artiste	Listamaður
Céramique	Keramik
Charbon	Kol
Chef-D'Œuvre	Meistaraverk
Chevalet	Glæsla
Cire	Vax
Composition	Samsetningu
Craie	Krít
Crayon	Blýantur
Créativité	Skráningu
Film	Kvikmynd
Peinture	Málverk
Perspective	Sjónarhorni
Pochoir	L
Portrait	Portret
Sculpture	Höggmynd
Stylo	Penni
Vernis	Lakk

Astronomie
Stjörnufræði

Astéroïde	Smástirni
Astronaute	Geimfari
Ciel	Himinn
Constellation	Stjörnumerki
Cosmos	Cosmos
Éclipse	Myrkvi
Équinoxe	Equinox
Fusée	Eldflaug
Galaxie	Galaxy
Lune	Tungl
Météore	Loftstein
Nébuleuse	Þokka
Observatoire	Observatory
Planète	Reikistjarna
Radiation	Geislun
Satellite	Gervitungl
Solaire	Sól
Terre	Jörð
Télescope	Sjónauki
Univers	Alheimur

Aventure
Ævintýri

Activité	Virkni
Beauté	Fegurð
Bravoure	Hugrekki
Chance	Líkur
Dangereux	Hættulegt
Destination	Áfangastaður
Difficulté	Vandi
Enthousiasme	Eldmóð
Excursion	Skoðunarferð
Inhabituel	Óvenjulegt
Itinéraire	Ferðaáætlun
Joie	Gleði
Nature	Náttúran
Navigation	Siglingar
Nouveau	Nýtt
Opportunité	Tækifæri
Préparation	Undirbúningur
Sécurité	Öryggi
Surprenant	Á Óvart
Voyages	Ferðast

Avions
Flugvélar

Air	Loft
Atmosphère	Stjórnmál
Atterrissage	Lending
Aventure	Ævintýri
Ballon	Blöðru
Carburant	Eldsneyti
Ciel	Himinn
Construction	Smíði
Descente	Uppruna
Direction	Stefnu
Équipage	Áhöfn
Gonfler	Blása
Hauteur	Hæð
Hélices	Skrúfur
Histoire	Saga
Hydrogène	Vetni
Moteur	Vél
Passager	Farþegi
Pilote	Flugmaður
Turbulence	Ókyrrð

Ballet
Ballett

Applaudissement	Lófaklapp
Artistique	Listrænn
Ballerine	Ballerína
Chorégraphie	Kóreógraf
Compétence	Hæfni
Compositeur	Tónskáld
Danseurs	Dansarar
Expressif	Svipmikill
Geste	Látbragð
Gracieux	Tignarlegt
Intensité	Styrkleiki
Muscles	Vöðva
Musique	Tónlist
Orchestre	Hljómsveit
Public	Áhorfendur
Répétition	Æfing
Rythme	Taktur
Solo	Sóló
Style	Stíl
Technique	Tækni

Barbecues
Grillveislur

Chaud	Heitt
Couteaux	Hnífa
Déjeuner	Hádegisverður
Dîner	Kvöldmatur
Enfants	Börn
Été	Sumar
Faim	Hungur
Famille	Fjölskylda
Fruit	Ávöxtur
Gril	Grill
Jeux	Leikir
Légumes	Grænmeti
Musique	Tónlist
Oignons	Lauk
Poivre	Pipar
Poulet	Kjúklingur
Salades	Salöt
Sauce	Sósa
Sel	Salt
Tomates	Tómatar

Bateaux
Bátar

Ancre	Akkeri
Bouée	Bau
Canoë	Kanó
Corde	Reipi
Équipage	Áhöfn
Ferry	Ferja
Fleuve	River
Kayak	Kajak
Lac	Stöðuvatn
Marée	Fjöru
Marin	Sjómaður
Mât	Mastur
Mer	Sjó
Moteur	Vél
Nautique	Sjómanna
Océan	Haf
Radeau	Fleki
Vagues	Öldur
Voilier	Seglbátur
Yacht	Snekkju

Bâtiments
Byggingar

Ambassade	Sendiráð
Appartement	Íbúð
Atelier	Verkstæði
Cabine	Klefa
Château	Kastali
Cinéma	Kvikmyndahús
École	Skóli
Garage	Bílskúr
Grange	Hlöðu
Hôpital	Sjúkrahús
Hôtel	Hótel
Musée	Safn
Observatoire	Observatory
Stade	Völlinn
Supermarché	Matvörubúð
Tente	Tjald
Théâtre	Leikhús
Tour	Turn
Université	Háskóli
Usine	Verksmiðju

Beauté
Fegurð

Boucles	Krulla
Charme	Heilla
Ciseaux	Skæri
Cosmétique	Snyrtivörur
Couleur	Litur
Élégance	Glæsileiki
Élégant	Glæsilegur
Grâce	Náð
Huiles	Olíur
Lisse	Slétt
Maquillage	Farði
Mascara	Maskara
Miroir	Spegill
Parfum	Ilmur
Peau	Húð
Photogénique	Ljósmyndin
Rouge à Lèvres	Varalitur
Services	Þjónusta
Shampooing	Sjampó
Styliste	Stílisti

Biologie
Líffræði

Anatomie	Líffærafræði
Bactéries	Bakteríur
Cellule	Fruma
Chromosome	Litning
Collagène	Kollagen
Embryon	Fræði
Enzyme	Ensím
Évolution	Þróun
Hormone	Hormón
Mammifère	Spendýr
Mutation	Stökkbreyting
Naturel	Náttúrulegt
Nerf	Taug
Neurone	Taugafruma
Osmose	Osmósu
Photosynthèse	Ljóstillífun
Protéine	Prótín
Reptile	Skriðdýr
Symbiose	Sambýli
Synapse	Synapse

Boxe
Hnefaleikar

Adversaire	Mótmælandi
Arbitre	Dómari
Blessures	Áverkar
Cloche	Bjalla
Coin	Horn
Combattant	Bardagamaður
Compétence	Hæfni
Concentrer	Fókus
Cordes	Reipi
Corps	Líkami
Coude	Olnboga
Coup	Sparka
Épuisé	Búinn
Force	Styrkur
Gants	Hanska
Menton	Höku
Poing	Hnefi
Points	Stig
Rapide	Fljótur
Récupération	Bata

Café
Kaffi

Acide	Súr
Amer	Bitur
Arôme	Ilmur
Boisson	Drykkur
Caféine	Koffín
Crème	Rjóma
Eau	Vatn
Filtre	Sía
Lait	Mjólk
Liquide	Fljótandi
Matin	Morgunn
Moudre	Mala
Noir	Svart
Origine	Uppruna
Prix	Verð
Rôti	Brennt
Saveur	Bragð
Sucre	Sykur
Tasse	Bolli
Variété	Fjölbreytni

Camping
Tjaldstæði

Animaux	Dýr
Aventure	Ævintýri
Boussole	Áttavita
Cabine	Klefa
Canoë	Kanó
Carte	Kort
Chapeau	Hattur
Chasse	Veiða
Corde	Reipi
Équipement	Búnaður
Feu	Eldur
Forêt	Skógur
Hamac	Hengirúm
Insecte	Skordýr
Lac	Stöðuvatn
Lanterne	Lukt
Lune	Tungl
Montagne	Fjall
Nature	Náttúran
Tente	Tjald

Chimie
Efnafræði

Acide	Sýra
Alcalin	Súr
Atomique	Lotukerfinu
Carbone	Kolefni
Catalyseur	Hvati
Chaleur	Hita
Chlore	Klór
Enzyme	Ensím
Électron	Rafeind
Gaz	Gas
Hydrogène	Vetni
Ion	Jón
Liquide	Fljótandi
Métaux	Málma
Molécule	Sameind
Nucléaire	Kjarnorku
Oxygène	Súrefni
Poids	Þyngd
Sel	Salt
Température	Hitastig

Chocolat
Súkkulaði

Amer	Bitur
Antioxydant	Andoxunarefni
Arôme	Ilmur
Artisanal	Handverk
Bonbon	Nammi
Cacahuètes	Hnetum
Cacao	Kakó
Calories	Hitaeiningar
Caramel	Karamella
Délicieux	Ljúffengur
Doux	Sætur
Exotique	Framandi
Favori	Uppáhalds
Goût	Bragð
Ingrédient	Efni
Noix de Coco	Kókoshneta
Poudre	Duft
Qualité	Gæði
Recette	Uppskrift
Sucre	Sykur

Conduite
Akstur

Accident	Slys
Camion	Vörubíll
Carburant	Eldsneyti
Carte	Kort
Danger	Hætta
Freins	Bremsur
Garage	Bílskúr
Gaz	Gas
Licence	Leyfi
Moteur	Mótor
Moto	Mótorhjól
Piéton	Gangandi
Police	Lögreglan
Route	Vegur
Sécurité	Öryggi
Trafic	Umferð
Transport	Samgöngur
Tunnel	Göng
Vitesse	Hraði
Voiture	Bíll

Corps Humain
Mannslíkaminn

Bouche	Munnur
Cerveau	Heili
Cheville	Ökkla
Cou	Háls
Coude	Olnboga
Cœur	Hjarta
Doigt	Fingur
Estomac	Magi
Épaule	Öxl
Genou	Hné
Lèvres	Varir
Main	Hönd
Mâchoire	Kjálka
Menton	Höku
Nez	Nef
Oreille	Eyra
Peau	Húð
Sang	Blóð
Tête	Höfuð
Visage	Andlit

Cuisine
Eldhús

Baguettes	Pinnar
Bol	Skál
Bouilloire	Ketill
Congélateur	Frysti
Couteaux	Hnífa
Cruche	Könnu
Cuillères	Skeiðar
Épices	Krydd
Éponge	Svampur
Four	Ofn
Fourchettes	Forks
Gril	Grill
Louche	Ausa
Nourriture	Matur
Pot	Krukku
Recette	Uppskrift
Réfrigérateur	Ísskápur
Serviette	Servíetta
Tablier	Svuntu
Tasses	Bolla

Diplomatie
Samningaviðræðum

Ambassade	Sendiráð
Ambassadeur	Sendiherra
Citoyens	Borgarar
Communauté	Samfélag
Conflit	Átök
Conseiller	Ráðgjafi
Coopération	Samstarf
Diplomatique	Diplomatic
Discussion	Umræða
Éthique	Siðfræði
Étranger	Erlendum
Gouvernement	Ríkisstjórn
Humanitaire	Mannræði
Intégrité	Heilindi
Justice	Réttlæti
Politique	Stjórnmál
Résolution	Ályktun
Sécurité	Öryggi
Solution	Lausn
Traité	Sáttmáli

Disciplines Scientifiques
Vísindalegum Greinum

Anatomie	Líffærafræði
Astronomie	Stjörnufræði
Biochimie	Lífefnafræði
Biologie	Líffræði
Botanique	Grasafræði
Chimie	Efnafræði
Écologie	Vistfræði
Géologie	Jarðfræði
Immunologie	Ónæmisfræði
Linguistique	Málvísindi
Mécanique	Vélfræði
Météorologie	Veðurfræði
Minéralogie	Steindafræði
Neurologie	Taugafræði
Physiologie	Lífeðlisfræði
Psychologie	Sálfræði
Robotique	Vélmenni
Sociologie	Félagsfræði
Thermodynamique	Varmafræði
Zoologie	Dýrafræði

Eau
Vatni

Canal	Síkur
Douche	Sturtu
Évaporation	Uppgufun
Fleuve	River
Gel	Frost
Geyser	Geysir
Glace	Ís
Humide	Rökum
Humidité	Raki
Inondation	Flóð
Irrigation	Áveitu
Lac	Lake
Mousson	Monsún
Neige	Snjór
Océan	Haf
Ouragan	Fellibylur
Pluie	Rigning
Potable	Drykkjarhæft
Vagues	Öldur
Vapeur	Gufu

Entreprise
Viðskipti

Argent	Peningar
Boutique	Búð
Bureau	Skrifstofa
Carrière	Feril
Coût	Kostnaður
Devise	Mynt
Employeur	Vinnuveitandi
Employé	Starfsmaður
Entreprise	Fyrirtæki
Économie	Hagfræði
Finance	Fjármál
Impôts	Skattar
Investissement	Fjárfesting
Marchandise	Varningi
Profit	Hagnaður
Revenu	Tekjur
Réduction	Afsláttur
Transaction	Viðskipti
Usine	Verksmiðju
Vente	Sölu

Échecs
Skák

Adversaire	Mótmælandi
Apprendre	Að Læra
Blanc	Hvítur
Champion	Meistari
Concours	Keppni
Défis	Áskoranir
Diagonal	Ská
Intelligent	Snjall
Jeu	Leikur
Joueur	Leikmaður
Noir	Svart
Passif	Aðgerðalaus
Points	Stig
Reine	Drottning
Règles	Reglur
Roi	Konungur
Sacrifice	Fórn
Stratégie	Stefnu
Temps	Tími
Tournoi	Mót

Électricité
Rafmagn

Aimant	Segull
Ampoule	Peru
Batterie	Rafhlaða
Câble	Kabel
Électricien	Rafvirki
Électrique	Rafmagns
Équipement	Búnaður
Fils	Vír
Générateur	Rafall
Lampe	Lampi
Laser	Leysir
Négatif	Mínus
Objets	Hluti
Positif	Jákvætt
Prise	Innstunga
Quantité	Magn
Réseau	Net
Stockage	Geymsla
Téléphone	Sími
Télévision	Sjónvarp

Énergie
Orka

Batterie	Rafhlaða
Carbone	Kolefni
Carburant	Eldsneyti
Chaleur	Hita
Diesel	Dísel
Entropie	Óreiða
Environnement	Umhverfi
Essence	Bensín
Électrique	Rafmagns
Électron	Rafeind
Hydrogène	Vetni
Industrie	Iðnaður
Moteur	Mótor
Nucléaire	Kjarnorku
Photon	Ljóseind
Pollution	Mengun
Renouvelable	Endurnýjanleg
Soleil	Sól
Turbine	Túrbína
Vent	Vindur

Épices
Krydd

Aigre	Súr
Ail	Hvítlaukur
Amer	Bitur
Anis	Anís
Cannelle	Kanil
Cardamome	Kardemommu
Coriandre	Kóríander
Cumin	Kúmen
Curry	Karrý
Fenouil	Fennel
Gingembre	Engifer
Muscade	Múskat
Oignon	Laukur
Paprika	Paprika
Poivre	Pipar
Réglisse	Lakkrís
Safran	Saffran
Saveur	Bragð
Sel	Salt
Vanille	Vanillu

Famille
Fjölskylda

Ancêtre	Forfaðir
Enfance	Barnæska
Enfant	Barn
Enfants	Börn
Femme	Eiginkona
Fille	Dóttir
Frère	Bróðir
Grand-Mère	Amma
Grand-Père	Afi
Jumeaux	Tvíburar
Mari	Eiginmaður
Maternel	Móður
Mère	Móðir
Neveu	Frændi
Oncle	Frændi
Paternel	Ingar
Petit-Enfant	Barnabarn
Père	Faðir
Soeur	Systir
Tante	Frænka

Ferme #1
Bær #1

Abeille	Bí
Agriculture	Landbúnaður
Âne	Asni
Bison	Vísundur
Champ	Engi
Chat	Köttur
Cheval	Hestur
Chèvre	Geit
Chien	Hundur
Clôture	Girðing
Corbeau	Kráka
Eau	Vatn
Engrais	Áburður
Foin	Hey
Miel	Hunang
Poulet	Kjúklingur
Riz	Hrísgrjón
Troupeau	Flokkur
Vache	Kýr
Veau	Kálfur

Ferme #2
Bær #2

Agneau	Lamb
Agriculteur	Bóndi
Animaux	Dýr
Berger	Hirðir
Blé	Hveiti
Canard	Önd
Fruit	Ávöxtur
Grange	Hlöðu
Irrigation	Áveitu
Lait	Mjólk
Lama	Lamadýr
Légume	Grænmeti
Maïs	Korn
Mouton	Kind
Nourriture	Matur
Orge	Bygg
Pré	Engi
Ruche	Býflugnabú
Tracteur	Dráttarvél
Verger	Aldingarður

Fleurs
Blóm

Bouquet	Vönd
Gardénia	Toga
Hibiscus	Hibiscus
Jasmin	Jasmine
Lavande	Lofnarblóm
Lilas	Líla
Lys	Lily
Magnolia	Magnolia
Marguerite	Daisy
Orchidée	Orchid
Passiflore	Ástríðublóm
Pavot	Poppy
Pétale	Krónublað
Pissenlit	Fífill
Pivoine	Peony
Plumeria	Plumeria
Rose	Rós
Tournesol	Sólblóm
Trèfle	Smári
Tulipe	Túlipan

Force et Gravité
Kraftur og Þyngdarafl

Axe	Ás
Centre	Miðja
Découverte	Uppgötvun
Distance	Fjarlægð
Dynamique	Kvik
Expansion	Stækkun
Élan	Skriðþunga
Friction	Núning
Impact	Áhrif
Magnétisme	Segulmagn
Mécanique	Vélfræði
Mouvement	Hreyfing
Orbite	Sporbraut
Physique	Eðlisfræði
Poids	Þyngd
Pression	Þrýstingur
Propriétés	Eignir
Temps	Tími
Universel	Alhliða
Vitesse	Hraði

Forêt Tropicale
Regnskógur

Amphibiens	Froskdýr
Botanique	Botanical
Climat	Veðurfar
Communauté	Samfélag
Diversité	Fjölbreytni
Espèce	Tegund
Indigène	Frumbyggja
Insectes	Skordýr
Jungle	Frumskógur
Mammifères	Spendýr
Mousse	Moss
Nature	Náttúran
Nuage	Ský
Oiseaux	Fuglar
Précieux	Dýrmætur
Préservation	Varðveislu
Refuge	Athvarf
Respect	Virðing
Restauration	Endurreisn
Survie	Lifun

Formes
Form

Arc	Arc
Bords	Brúnir
Carré	Ferningur
Cercle	Hring
Coin	Horn
Courbe	Ferill
Cône	Keila
Côté	Hlið
Cube	Teningur
Cylindre	Strokka
Ellipse	Sporbaug
Hyperbole	Hyperbola
Ligne	Lína
Ovale	Sporöskjulaga
Polygone	Marghyrning
Prisme	Prism
Pyramide	Pýramída
Rectangle	Rétthyrningur
Sphère	Kúla
Triangle	Þríhyrningur

Fournitures d'Art
List Vistir

Acrylique	Akrýl
Aquarelles	Vatnslitir
Argile	Leir
Brosses	Burstar
Caméra	Myndavél
Chaise	Stól
Charbon	Kol
Chevalet	Glæsla
Colle	Lím
Couleurs	Liti
Crayons	Blýantar
Créativité	Sköpun
Eau	Vatn
Encre	Blek
Gomme	Strokleður
Huile	Olía
Idées	Hugmyndir
Papier	Pappír
Pastels	Pastellitir
Table	Borð

Fruit
Ávextir

Abricot	Apríkósa
Ananas	Ananas
Avocat	Avókadó
Baie	Ber
Banane	Banani
Cerise	Kirsuber
Citron	Sítrónu
Figue	Mynd
Framboise	Hindberjum
Goyave	Guava
Kiwi	Kíví
Mangue	Mangó
Melon	Melóna
Nectarine	Nectarine
Orange	Appelsína
Papaye	Papaya
Pêche	Ferskja
Poire	Pera
Pomme	Epli
Raisin	Vínber

Géographie
Landafræði

Altitude	Hæð
Atlas	Atlas
Carte	Kort
Continent	Álfunni
Fleuve	River
Hémisphère	Jarðar
Île	Eyja
Latitude	Breidd
Mer	Sjó
Méridien	Meridian
Monde	Heimur
Montagne	Fjall
Nord	Norður
Océan	Haf
Ouest	Vestur
Pays	Land
Région	Svæði
Sud	Suður
Territoire	Yfirráðasvæði
Ville	Borg

Géologie
Jarðfræði

Acide	Sýra
Calcium	Kalsíum
Caverne	Helli
Continent	Álfunni
Corail	Kórall
Couche	Lag
Cristaux	Kristallar
Cycles	Hringrás
Érosion	Rof
Geyser	Goshver
Lave	Hraun
Minéraux	Steinefni
Pierre	Steinn
Plateau	Hálendi
Quartz	Kvars
Sel	Salt
Stalactite	Stalactite
Stalagmites	Stalagmites
Volcan	Eldfjall
Zone	Svæði

Géométrie
Rúmfræði

Angle	Horn
Calcul	Útreikning
Cercle	Hring
Courbe	Ferill
Diamètre	Þvermál
Dimension	Vídd
Équation	Jafna
Hauteur	Hæð
Logique	Rökfræði
Masse	Messi
Médian	Miðgildi
Nombre	Númer
Parallèle	Samhliða
Proportion	Hlutfall
Segment	Hluti
Surface	Yfirborð
Symétrie	Samhverfu
Théorie	Kenning
Triangle	Þríhyrningur
Vertical	Lóðrétt

Gouvernement
Ríkisstjórn

Civil	Borgaraleg
Constitution	Stjórnarskrá
Démocratie	Lýðræði
Discours	Ræðu
Discussion	Umræða
District	Umdæmi
Droits	Réttindi
Égalité	Jafnrétti
État	Ríki
Indépendance	Sjálfstæði
Judiciaire	Dóms
Justice	Réttlæti
Liberté	Frelsi
Loi	Lög
Monument	Minnismerki
Nation	Þjóð
National	Þjóðlegur
Paisible	Friðsælt
Politique	Stjórnmál
Symbole	Tákn

Herboristerie
Grasalækningar

Ail	Hvítlaukur
Aromatique	Ilmandi
Basilic	Basil
Bénéfique	Gagnleg
Culinaire	Matreiðslu
Estragon	Estragon
Fenouil	Fennel
Fleur	Blóm
Ingrédient	Efni
Jardin	Garður
Lavande	Lofnarblóm
Marjolaine	Marjoram
Menthe	Myntu
Persil	Steinselja
Qualité	Gæði
Romarin	Rósmarín
Safran	Saffran
Saveur	Bragð
Thym	Timjan
Vert	Grænt

Ingénierie
Verkfræði

Angle	Horn
Axe	Ás
Calcul	Útreikning
Construction	Smíði
Diagramme	Skýringarmynd
Diamètre	Þvermál
Diesel	Dísel
Distribution	Dreifing
Engrenages	Gír
Énergie	Orka
Force	Styrkur
Liquide	Fljótandi
Machine	Vél
Mesure	Mæling
Moteur	Mótor
Profondeur	Dýpt
Propulsion	Knýja
Rotation	Snúningur
Stabilité	Stöðugleiki
Structure	Bygging

Insectes
Skordýr

Abeille	Bí
Cafard	Kakkalakki
Cigale	Cicada
Coccinelle	Frípur
Criquet	Engisprettur
Fourmi	Maur
Frelon	Hornet
Guêpe	Geitungur
Larve	Lirva
Libellule	Dragonfly
Mante	Mantis
Moucheron	Gnat
Moustique	Fluga
Papillon	Fiðrildi
Puce	Fló
Puceron	Plöntulús
Sauterelle	Graskúla
Scarabée	Bjalla
Termite	Termite
Ver	Ormur

Instruments de Musique
Hljóðfæri

Banjo	Banjó
Basson	Fagott
Clarinette	Klarinett
Flûte	Flautu
Gong	Gong
Guitare	Gítar
Harmonica	Munnhörpu
Harpe	Harpa
Hautbois	Óbó
Mandoline	Mandólín
Marimba	Marimba
Percussion	Slagverk
Piano	Píanó
Saxophone	Saxófón
Tambour	Tromma
Tambourin	Bumbur
Trombone	Básúna
Trompette	Trompet
Violon	Fiðlu
Violoncelle	Selló

Jardin
Garðinum

Arbre	Tré
Banc	Bekkur
Buisson	Bush
Clôture	Girðing
Étang	Tjörn
Fleur	Blóm
Garage	Bílskúr
Hamac	Hengirúm
Herbe	Gras
Jardin	Garður
Mauvaises Herbes	Illgresi
Pelle	Moka
Pelouse	Grasflöt
Râteau	Hrífa
Sol	Jarðvegur
Terrasse	Verönd
Trampoline	Trampólín
Tuyau	Slönguna
Verger	Aldingarður
Vigne	Vínviður

Jardinage
Garðyrkja

Botanique	Botanical
Bouquet	Vönd
Climat	Veðurfar
Comestible	Ætur
Compost	Molta
Eau	Vatn
Espèce	Tegund
Exotique	Framandi
Feuillage	Sm
Feuille	Lauf
Fleur	Blómstra
Floral	Blóma
Graines	Fræ
Humidité	Raki
Récipient	Ílát
Saisonnier	Opin
Saleté	Óhreinindi
Sol	Jarðvegur
Tuyau	Slönguna
Verger	Aldingarður

Jazz
Djass

Album	Plötu
Artiste	Listamaður
Célèbre	Frægur
Chanson	Lag
Compositeur	Tónskáld
Composition	Samsetning
Concert	Tónleikar
Favoris	Eftirlæti
Genre	Tegund
Improvisation	Spuni
Musique	Tónlist
Nouveau	Nýtt
Orchestre	Hljómsveit
Rythme	Taktur
Solo	Sóló
Style	Stíl
Talent	Hæfileiki
Tambours	Trommur
Technique	Tækni
Vieux	Gamall

Jours et Mois
Dagar og Mánuðir

Août	Ágúst
Avril	Apríl
Calendrier	Dagatal
Dimanche	Sunnudagur
Février	Febrúar
Janvier	Janúar
Jeudi	Fimmtudagur
Juillet	Júlí
Juin	Júní
Lundi	Mánudagur
Mardi	Þriðjudagur
Mars	Mars
Mercredi	Miðvikudagur
Mois	Mánuður
Novembre	Nóvember
Octobre	Október
Samedi	Laugardagur
Semaine	Vika
Septembre	September
Vendredi	Föstudagur

L'Entreprise
Fyrirtækið

Affaires	Viðskipti
Créatif	Skapandi
Décision	Ákvörðun
Emploi	Atvinna
Global	Alþjóðlegt
Industrie	Iðnaður
Innovant	Nýjar
Investissement	Fjárfesting
Possibilité	Möguleika
Présentation	Kynning
Produit	Vöru
Professionnel	Faglegur
Progrès	Framfarir
Qualité	Gæði
Ressources	Auðlindir
Revenu	Tekjur
Réputation	Orðspor
Risques	Áhætta
Tendances	Þróun
Unités	Einingar

Les Abeilles
Býflugur

Ailes	Vængi
Bénéfique	Gagnleg
Cire	Vax
Diversité	Fjölbreytni
Essaim	Kvik
Écosystème	Vistkerfi
Fleur	Blómstra
Fleurs	Blóm
Fruit	Ávöxtur
Fumée	Reykur
Habitat	Búsvæði
Insecte	Skordýr
Jardin	Garður
Miel	Hunang
Nourriture	Matur
Plantes	Plöntur
Pollen	Frjókorn
Reine	Drottning
Ruche	Býflugnabú
Soleil	Sól

Les Médias
Fjölmiðlarnir

Attitudes	Viðhorf
Commercial	Auglýsing
Communication	Samskipti
En Ligne	Á Netinu
Édition	Útgáfa
Éducation	Menntun
Faits	Staðreyndir
Financement	Fjármögnun
Individuel	Einstaklingur
Industrie	Iðnaður
Intellectuel	Vitsmunalegum
Journaux	Dagblöð
Local	Staðbær
Numérique	Stafræn
Opinion	Álit
Photos	Myndir
Public	Opinber
Radio	Útvarp
Réseau	Net
Télévision	Sjónvarp

Légumes
Grænmeti

Ail	Hvítlaukur
Artichaut	Artihoke
Aubergine	Eggaldin
Brocoli	Spergilkál
Carotte	Gulrót
Céleri	Sellerí
Champignon	Sveppir
Citrouille	Grasker
Concombre	Gúrku
Échalote	Skalottlaukur
Épinard	Spínat
Gingembre	Engifer
Navet	Næpa
Oignon	Laukur
Olive	Ólíf
Persil	Steinselja
Pois	Pea
Radis	Ræðja
Salade	Salat
Tomate	Tómat

Littérature
Bókmenntir

Analogie	Líkingar
Analyse	Greining
Anecdote	E.
Auteur	Höfundur
Biographie	Ævisaga
Comparaison	Samanburður
Conclusion	Niðurstaða
Description	Lýsing
Dialogue	Umræðu
Fiction	Skáldskapur
Métaphore	Myndlíking
Narrateur	Sögumaður
Poème	Ljóð
Poétique	Ljóðræn
Rime	Rím
Roman	Skáldsaga
Rythme	Taktur
Style	Stíl
Thème	Þema
Tragédie	Harmleikur

Livres
Bækur

Auteur	Höfundur
Aventure	Ævintýri
Collection	Safn
Contexte	Samhengi
Dualité	Tvíeðli
Écrit	Skrifað
Épique	Epic
Histoire	Saga
Historique	Sögulegt
Humoristique	Gamansamur
Inventif	Frumleg
Lecteur	Lesandi
Littéraire	Bókmennta
Narrateur	Sögumaður
Page	Síða
Pertinent	Viðeigandi
Poésie	Ljóð
Roman	Skáldsaga
Série	Röð
Tragique	Hörmulega

Maison
Húsið

Balai	Kústur
Bibliothèque	Bókasafn
Chambre	Herbergi
Cheminée	Arinn
Clés	Lykla
Clôture	Girðing
Cuisine	Eldhús
Douche	Sturtu
Fenêtre	Gluggi
Garage	Bílskúr
Grenier	Háaloftinu
Jardin	Garður
Lampe	Lampi
Miroir	Spegill
Mur	Vegg
Plafond	Loft
Porte	Hurð
Rideaux	Gluggatjöld
Tapis	Gólfmotta
Toit	Þak

Maladie
Sjúkdómurinn

Abdominal	Kvið
Aigu	Bráð
Allergies	Ofnæmi
Bien-Être	Vellíðan
Chronique	Langvarandi
Contagieux	Smitandi
Corps	Líkami
Cœur	Hjarta
Faible	Veik
Héréditaire	Arfgengur
Immunité	Ónæmi
Inflammation	Bólga
Lombaire	Lumbar
Neuropathie	Taugakvilla
Os	Bein
Pulmonaire	Lungum
Respiratoire	Öndunarfæri
Santé	Heilsa
Syndrome	Heilkenni
Thérapie	Meðferð

Mammifères
Spendýr

Baleine	Hvalur
Chat	Köttur
Cheval	Hestur
Chien	Hundur
Coyote	Sléttuúlfur
Dauphin	Höfrungur
Éléphant	Fíl
Girafe	Gíraffi
Gorille	Górilla
Kangourou	Kengúra
Lapin	Kanína
Lion	Ljón
Loup	Úlfur
Mouton	Kind
Ours	Björn
Renard	Refur
Singe	Api
Taureau	Naut
Tigre	Tiger
Zèbre	Zebra

Mathématiques
Stærðfræði

Angles	Horn
Arithmétique	Tölur
Carré	Ferningur
Circonférence	Ummál
Décimal	Aukastaf
Diamètre	Þvermál
Exposant	Veldisvísir
Équation	Jafna
Fraction	Brot
Géométrie	Rúmfræði
Parallèle	Samhliða
Parallélogramme	Hjálíðalogram
Périmètre	Jaðar
Polygone	Marghyrning
Rayon	Radíus
Rectangle	Rétthyrningur
Somme	Summa
Symétrie	Samhverfu
Triangle	Þríhyrningur
Volume	Bindi

Mesures
Mælingar

Centimètre	Sentimetr
Degré	Gráða
Décimal	Aukastaf
Gramme	Gramm
Hauteur	Hæð
Kilogramme	Kíló
Kilomètre	Kílómetra
Largeur	Breidd
Litre	Lítri
Longueur	Lengd
Masse	Messi
Mètre	Mælir
Minute	Mínúta
Octet	Bæti
Once	Únsa
Poids	Þyngd
Pouce	Tommu
Profondeur	Dýpt
Tonne	Tonn
Volume	Bindi

Méditation
Hugleiðsla

Acceptation	Samþykki
Attention	Athygli
Calme	Logn
Clarté	Skýrleiki
Compassion	Samúð
Esprit	Huga
Émotions	Tilfinningar
Éveillé	Vakandi
Gentillesse	Góðvild
Gratitude	Þakklæti
Habitudes	Venja
Mental	Andlegt
Mouvement	Samtök
Musique	Tónlist
Nature	Náttúran
Observation	Athugun
Paix	Friður
Perspective	Sjónarhorni
Respiration	Öndun
Silence	Þögn

Météo
Veður

Arc-En-Ciel	Regnbogi
Atmosphère	Stjórnmál
Brise	Gola
Brouillard	Þóka
Calme	Róa
Ciel	Himinn
Climat	Veðurfar
Glace	Ís
Mousson	Monsún
Nuage	Ský
Ouragan	Fellibylur
Polaire	Polar
Sec	Þurrt
Sécheresse	Þurrkar
Température	Hitastig
Tempête	Stormur
Tonnerre	Þrumur
Tornade	Tornado
Tropical	Tropical
Vent	Vindur

Mode
Tíska

Abordable	Hagkvæm
Boutique	Boutique
Boutons	Hnappa
Broderie	Útsaumur
Cher	Dýr
Confortable	Þægilegt
Dentelle	Reima
Élégant	Glæsilegur
Minimaliste	Lægstur
Moderne	Nútíma
Modeste	Hógvær
Modèle	Mynstur
Original	Originlegt
Pratique	Hagnýt
Simple	Einfalt
Style	Stíl
Tendance	Stefna
Texture	Áferð
Tissu	Efni
Vêtements	Fatnað

Mythologie
Goðafræði

Archétype	Arketype
Catastrophe	Hörmung
Comportement	Hegðun
Création	Sköpun
Créature	Skepna
Croyances	Viðhorf
Culture	Menning
Éclair	Elding
Force	Styrkur
Guerrier	Stríðsmaður
Héros	Hetja
Immortalité	Ódauðleika
Jalousie	Öfund
Labyrinthe	Völundarhús
Légende	Þjóðsaga
Magique	Töfrandi
Monstre	Skrímsli
Mortel	Dauðleg
Tonnerre	Þrumur
Vengeance	Hefnd

Nature
Náttúran

Abeilles	Býflugur
Abri	Skjól
Animaux	Dýr
Arctique	Arktískur
Beauté	Fegurð
Brouillard	Þoka
Désert	Eyðimörk
Dynamique	Kvik
Érosion	Rof
Feuillage	Sm
Fleuve	River
Forêt	Skógur
Glacier	Jökull
Nuage	Ský
Paisible	Friðsælt
Sanctuaire	Helgidómur
Sauvage	Villt
Serein	Serene
Tropical	Tropical
Vital	Líflegt

Nombres
Tölur

Cinq	Fimm
Deux	Tveir
Décimal	Aukastaf
Dix	Tíu
Dix-Huit	Átján
Dix-Neuf	Nítján
Dix-Sept	Sautján
Douze	Tólf
Huit	Átta
Neuf	Níu
Quatorze	Fjórtán
Quatre	Fjórir
Quinze	Fimmtán
Seize	Sextán
Sept	Sjö
Six	Sex
Treize	Þrettán
Trois	Þrír
Vingt	Tuttugu
Zéro	Núll

Nourriture #1
Matur #1

Ail	Hvítlaukur
Basilic	Basil
Café	Kaffi
Cannelle	Kanil
Carotte	Gulrót
Citron	Sítrónu
Épinard	Spínat
Fraise	Jarðarber
Jus	Safa
Lait	Mjólk
Navet	Næpa
Oignon	Laukur
Orge	Bygg
Poire	Pera
Salade	Salat
Sel	Salt
Soupe	Súpa
Sucre	Sykur
Thon	Túnfiskur
Viande	Kjöt

Nourriture #2
Matur #2

Amande	Mönlu
Aubergine	Eggaldin
Banane	Banani
Blé	Hveiti
Brocoli	Spergilkál
Cerise	Kirsuber
Céleri	Sellerí
Champignon	Sveppir
Chocolat	Súkkulaði
Jambon	Skinka
Kiwi	Kíví
Mangue	Mangó
Oeuf	Egg
Pain	Brauð
Poisson	Fiskur
Pomme	Epli
Poulet	Kjúklingur
Raisin	Vínber
Riz	Hrísgrjón
Tomate	Tómat

Nutrition
Næringu

Amer	Bitur
Appétit	Matarlyst
Calories	Hitaeiningar
Comestible	Ætur
Diète	Mataræði
Digestion	Melting
Épices	Krydd
Équilibré	Rólegur
Fermentation	Gerjun
Glucides	Kolvetni
Liquides	Vökva
Poids	Þyngd
Protéines	Prótein
Qualité	Gæði
Sain	Heilbrigður
Santé	Heilsa
Sauce	Sósa
Saveur	Bragð
Toxine	Eiturefni
Vitamine	Vítamín

Océan
Haf

Algue	Þang
Anguille	Áll
Baleine	Hvalur
Bateau	Bátur
Corail	Kórall
Crabe	Krabbi
Crevette	Rækja
Dauphin	Höfrungur
Éponge	Svampur
Huître	Ostra
Méduse	Marglytta
Poisson	Fiskur
Poulpe	Kolkrabbi
Requin	Hákarl
Récif	Rif
Sel	Salt
Tempête	Stormur
Thon	Túnfiskur
Tortue	Skjaldbaka
Vagues	Öldur

Oiseaux
Fuglar

Aigle	Örn
Autruche	Strútur
Canard	Önd
Cigogne	Storkur
Colombe	Dúfa
Corbeau	Kráka
Coucou	Gaukur
Cygne	Svanur
Flamant	Flamingo
Héron	Heron
Manchot	Mörgæs
Moineau	Sparrow
Mouette	Máfur
Oeuf	Egg
Oie	Gæs
Paon	Peacock
Perroquet	Páfagaukur
Pélican	Pelican
Poulet	Kjúklingur
Toucan	Toucan

Pays #1
Löndum #1

Afghanistan	Afganistan
Allemagne	Þýskaland
Argentine	Argentína
Brésil	Brasilía
Canada	Kanada
Espagne	Spánn
Équateur	Ekvador
Finlande	Finnland
Inde	Indland
Israël	Ísrael
Italie	Ítalía
Libye	Líbýa
Mali	Malí
Maroc	Marokkó
Nicaragua	Níkaragva
Norvège	Noregur
Panama	Panama
Pologne	Pólland
Roumanie	Rúmenía
Venezuela	Venesúela

Pays #2
Löndum #2

Albanie	Albanía
Chine	Kína
Danemark	Danmörk
France	Frakkland
Haïti	Haítí
Indonésie	Indónesía
Irlande	Írland
Jamaïque	Jamaíka
Japon	Japan
Kenya	Kenía
Laos	Laos
Liban	Líbanon
Mexique	Mexíkó
Ouganda	Úganda
Pakistan	Pakistan
Russie	Rússland
Somalie	Sómalía
Soudan	Súdan
Syrie	Sýrland
Ukraine	Úkraína

Paysages
Landslag

Cascade	Foss
Colline	Hæð
Désert	Eyðimörk
Estuaire	Árós
Fleuve	River
Geyser	Goshver
Glacier	Jökull
Grotte	Helli
Iceberg	Ísberg
Île	Eyja
Lac	Stöðuvatn
Marais	Mýri
Mer	Sjó
Montagne	Fjall
Oasis	Vin
Péninsule	Skagi
Plage	Fjara
Toundra	Tundra
Vallée	Dalur
Volcan	Eldfjall

Photographie
Ljósmyndun

Adoucir	Mýkja
Cadre	Rammi
Caméra	Myndavél
Composition	Samsetning
Contraste	Andstæða
Couleur	Litur
Définition	Skilgreining
Exposition	Sýning
Éclairage	Lýsing
Format	Snið
Noir	Svart
Objet	Mótmæla
Obscurité	Myrkur
Ombre	Skuggar
Perspective	Sjónarhorni
Portrait	Andlitsmynd
Sujet	Efni
Texture	Áferð
Visuel	Sjónræn
Vue	Útsýni

Physique
Eðlisfræði

Accélération	Hröðun
Atome	Atóm
Chaos	Roða
Chimique	Efni
Densité	Þéttleiki
Électron	Rafeind
Formule	Formúla
Fréquence	Tíðni
Gaz	Gas
Gravité	Þyngdarafl
Magnétisme	Segulmagn
Masse	Messi
Mécanique	Vélfræði
Molécule	Sameind
Moteur	Vél
Nucléaire	Kjarnorku
Particule	Ögn
Relativité	Afstæði
Universel	Alhliða
Vitesse	Hraði

Plantes
Plöntur

Arbre	Tré
Baie	Ber
Bambou	Bambus
Botanique	Grasafræði
Buisson	Bush
Cactus	Kaktus
Engrais	Áburður
Feuillage	Sm
Fleur	Blóm
Flore	Flora
Forêt	Skógur
Grandir	Vaxa
Haricot	Baun
Herbe	Gras
Jardin	Garður
Lierre	Ivy
Mousse	Moss
Pétale	Krónublað
Racine	Rót
Végétation	Gróður

Professions #1
Störfum #1

Ambassadeur	Sendiherra
Artiste	Listamaður
Athlète	Íþróttamaður
Avocat	Lögmaður
Banquier	Bankastjóri
Bijoutier	Skartgripir
Chasseur	Veiðimaður
Comptable	Endurskoðandi
Danseur	Dansari
Entraîneur	Þjálfari
Éditeur	Ritstjóri
Géologue	Jarðfræðingur
Marin	Sjómaður
Mécanicien	Vélvirki
Médecin	Læknir
Pianiste	Píanóleikari
Psychologue	Sálfræðingur
Scientifique	Vísindamaður
Tailleur	Klæðskeri
Vétérinaire	Dýralæknir

Professions #2
Störfum #2

Agriculteur	Bóndi
Astronaute	Geimfari
Biologiste	Líffræðingur
Chercheur	Rannsóknir
Chirurgien	Skurðlæknir
Dentiste	Tannlækni
Détective	Einkaspæjara
Enquêteur	Rannsakanda
Enseignant	Kennari
Éditeur	Útgefandi
Illustrateur	Teiknari
Ingénieur	Verkfræðingur
Journaliste	Blaðamaður
Médecin	Lækni
Peintre	Málari
Philosophe	Heimspekingur
Photographe	Ljósmyndari
Pilote	Flugmaður
Professeur	Prófessor
Zoologiste	Dýrafræðingur

Randonnée
Gönguferðir

Animaux	Dýr
Bottes	Stígvél
Camping	Útjæða
Carte	Kort
Climat	Veðurfar
Eau	Vatn
Falaise	Bjarg
Fatigué	Þreyttur
Guides	Leiðsögumenn
Lourd	Þungt
Météo	Veður
Montagne	Fjall
Nature	Náttúran
Orientation	Stefnumörkun
Parcs	Garður
Pierres	Steinar
Préparation	Undirbúningur
Sauvage	Villt
Soleil	Sól
Sommet	Fundinum

Restaurant #2
Veitingastaður #2

Boisson	Drykkur
Chaise	Stól
Cuillère	Skeið
Déjeuner	Hádegisverður
Délicieux	Ljúffengur
Dîner	Kvöldmatur
Eau	Vatn
Épices	Krydd
Fourchette	Gaffal
Fruit	Ávöxtur
Gâteau	Kaka
Glace	Ís
Légumes	Grænmeti
Nouilles	Núðlur
Oeuf	Egg
Poisson	Fiskur
Salade	Salat
Sel	Salt
Serveur	Þjónn
Soupe	Súpa

Réchauffement Climatique
Hnattræn Hlýnun

Arctique	Arktískur
Attention	Athygli
Climat	Veðurfar
Crise	Kreppa
Développement	Þróun
Données	Gögn
Environnemental	Umhverfis
Énergie	Orka
Futur	Framtíð
Gaz	Gas
Générations	Kynslóðir
Gouvernement	Ríkisstjórn
Habitats	Búsvæði
Industrie	Iðnaður
International	Alþjóðleg
Législation	Löggjöf
Maintenant	Núna
Populations	Íbúa
Scientifique	Vísindamaður
Températures	Hitastig

Santé et Bien-Être #1
Heilsufar og Vellíðan #1

Actif	Virkur
Bactéries	Bakteríur
Blessure	Meiðslum
Faim	Hungur
Fracture	Beinbrot
Habitude	Venja
Hauteur	Hæð
Hormone	Hormón
Médecin	Læknir
Médicament	Lyf
Muscles	Vöðva
Nerfs	Taugar
Os	Bein
Peau	Húð
Pharmacie	Apótek
Relaxation	Slökun
Réflexe	Viðbragð
Suppléments	Fæðubótarefni
Traitement	Meðferð
Virus	Veira

Santé et Bien-Être #2
Heilsufar og Vellíðan #2

Allergie	Ofnæmi
Anatomie	Líffærafræði
Appétit	Matarlyst
Calorie	Kaloría
Corps	Líkami
Déshydratation	Ofþornun
Énergie	Orka
Génétique	Erfðafræði
Hôpital	Sjúkrahús
Hygiène	Hreinlæti
Infection	Smitun
Maladie	Sjúkdómur
Massage	Nudd
Nutrition	Næring
Poids	Þyngd
Récupération	Bata
Sain	Heilbrigður
Sang	Blóð
Stress	Streitu
Vitamine	Vítamín

Science-Fiction
Vísindaskáldskapur

Atomique	Lotukerfinu
Cinéma	Kvikmyndahús
Dystopie	Dystópía
Explosion	Sprenging
Extrême	Extreme
Fantastique	Frábær
Feu	Eldur
Galaxie	Galaxy
Illusion	Blekking
Imaginaire	Ímyndað
Livres	Bækur
Monde	Heimur
Mystérieux	Dularfullur
Oracle	Véfrétt
Planète	Reikistjarna
Réaliste	Raunhæft
Robots	Vélmenni
Scénario	Atburðarás
Technologie	Tækni
Utopie	Útópía

Sport
Íþrótt

Athlète	Íþróttamaður
Capacité	Getu
Cardiovasculaire	Hjarta
Corps	Líkami
Cyclisme	Hjóla
Danse	Dansa
Diète	Mataræði
Endurance	Þrek
Entraîneur	Þjálfari
Force	Styrkur
Jogging	Skokk
Maximiser	Hámarka
Métabolique	Efnaskipti
Muscles	Vöðva
Nutrition	Næring
Objectif	Markmið
Os	Bein
Programme	Forrit
Santé	Heilsa
Sports	Íþróttir

Temps
Tíminn

Année	Ár
Annuel	Árlega
Après	Eftir
Avant	Áður
Bientôt	Bráðum
Calendrier	Dagatal
Décennie	Áratugur
Futur	Framtíð
Heure	Klukkustund
Hier	Í Gær
Horloge	Klukka
Jour	Dagur
Maintenant	Núna
Matin	Morgunn
Midi	Hádegi
Minute	Mínúta
Mois	Mánuður
Nuit	Nótt
Semaine	Vika
Siècle	Öld

Types de Cheveux
Hárið Tegundir

Argent	Silfur
Blanc	Hvítur
Blond	Ljóshærður
Boucles	Krulla
Brillant	Glansandi
Chauve	Sköllóttur
Coloré	Litað
Court	Stutt
Doux	Mjúkur
Épais	Þykkur
Frisé	Hrokkið
Gris	Grár
Long	Langt
Marron	Brúnt
Mince	Þunnur
Noir	Svart
Sain	Heilbrigður
Sec	Þurr
Tresses	Fléttur
Tressé	Fléttum

Univers
Alheimurinn

Astéroïde	Smástirni
Astronomie	Stjörnufræði
Atmosphère	Stjórnmál
Céleste	Himneti
Ciel	Himinn
Cosmique	Cosmic
Équateur	Miðbaugur
Galaxie	Galaxy
Hémisphère	Jarðar
Inclinaison	Halla
Latitude	Breidd
Longitude	Lengdargráðu
Lune	Tungl
Obscurité	Myrkur
Orbite	Sporbraut
Solaire	Sól
Solstice	Sólstöður
Télescope	Sjónauki
Visible	Sýnlegt
Zodiaque	Dýrir

Vertus #1
Dyggðir #1

Artistique	Listrænn
Bon	Góður
Charmant	Heillandi
Confiant	Öruggur
Curieux	Forvitinn
Décisif	Afgerandi
Drôle	Fyndið
Efficace	Skilvirkur
Fiable	Árauðast
Généreux	Örlátur
Imaginatif	Hugmyndaríkur
Indépendant	Óháður
Intelligent	Greindur
Modeste	Hógvær
Passionné	Ástríðufullur
Patient	Sjúklingur
Pratique	Hagnýt
Propre	Hreint
Sage	Vitur
Utile	Hjálpsamur

Véhicules
Ökutæki

Ambulance	Sjúkrabíll
Avion	Flugvél
Bateau	Bátur
Bus	Rútu
Camion	Vörubíll
Caravane	Hjólhýsi
Ferry	Ferja
Fusée	Eldflaug
Hélicoptère	Þyrla
Moteur	Mótor
Navette	Skutla
Pneus	Dekk
Radeau	Fleki
Scooter	Vespu
Sous-Marin	Kafbátur
Taxi	Taxi
Tracteur	Dráttarvél
Train	Lest
Vélo	Reiðhjól
Voiture	Bíll

Vêtements
Fötin

Bracelet	Armband
Ceinture	Belti
Chapeau	Hattur
Chaussure	Skór
Chemise	Skyrta
Chemisier	Blússa
Collier	Hálsmen
Foulard	Trefil
Gants	Hanska
Jeans	Gallabuxur
Jupe	Pils
Manteau	Kápu
Mode	Tíska
Pantalon	Buxur
Pull	Peysa
Pyjama	Náttföt
Robe	Kjóll
Sandales	Skó
Tablier	Svuntu
Veste	Jakki

Ville
Bærinn

Aéroport	Flugvöllur
Banque	Banki
Bibliothèque	Bókasafn
Boulangerie	Bakarí
Café	Kaffihús
Cinéma	Kvikmyndahús
École	Skóli
Fleuriste	Blómabúð
Galerie	Gallerí
Hôtel	Hótel
Librairie	Bókabúð
Marché	Markaður
Musée	Safn
Pharmacie	Apótek
Salon	Snyrtistofa
Stade	Völlinn
Supermarché	Matvörubúð
Théâtre	Leikhús
Université	Háskóli
Zoo	Dýragarður

Félicitations

Vous avez réussi !

Nous espérons que vous avez apprécié ce livre autant que nous avons pris plaisir à le concevoir. Nous faisons de notre mieux pour créer des livres de la meilleure qualité possible.
Cette édition est conçue pour permettre un apprentissage intelligent et de qualité en se divertissant !

Vous avez aimé ce livre ?

Une Simple Demande

Nos livres existent grâce aux avis que vous publiez. Pourriez-vous nous aider en laissant un avis maintenant ?

Voici un lien rapide qui vous mènera à votre page d'évaluation de vos commandes :

BestBooksActivity.com/Avis50

CHALLENGE FINAL !

Défi n°1

Êtes-vous prêt pour votre jeu bonus ? Nous les utilisons tout le temps mais ils ne sont pas si faciles à trouver. Voici les Synonymes !

Notez 5 mots que vous avez trouvés dans les puzzles notés ci-dessous (n°21, n°36, n°76) et essayez de trouver 2 synonymes pour chaque mot.

Notez 5 Mots du ***Puzzle 21***

Mots	Synonyme 1	Synonyme 2

Notez 5 Mots du ***Puzzle 36***

Mots	Synonyme 1	Synonyme 2

Notez 5 Mots du ***Puzzle 76***

Mots	Synonyme 1	Synonyme 2

Défi n°2

Maintenant que vous vous êtes échauffé, notez 5 mots que vous avez découverts dans les Puzzles n° 9, n° 17, n° 25 et essayez de trouver 2 antonymes pour chaque mot. Combien pouvez-vous en trouver en 20 minutes ?

*Notez 5 Mots du **Puzzle 9***

Mots	Antonyme 1	Antonyme 2

*Notez 5 Mots du **Puzzle 17***

Mots	Antonyme 1	Antonyme 2

*Notez 5 Mots du **Puzzle 25***

Mots	Antonyme 1	Antonyme 2

Défi n°3

Formidable ! Ce défi final  n'est rien pour vous.

Prêt pour le dernier défi ? Choisissez 10 mots que vous avez découverts parmi les différents puzzles et notez-les ci-dessous.

1.	6.
2.	7.
3.	8.
4.	9.
5.	10.

Maintenant, composez un texte en pensant à une personne, un animal ou un lieu que vous aimez !

Astuce: Vous pouvez utiliser la dernière page de ce livre comme brouillon !

Votre Composition :

CARNET DE NOTES :

À TRÈS BIENTÔT !

Toute l'équipe

www.ingramcontent.com/pod-product-compliance
Lightning Source LLC
Chambersburg PA
CBHW082201120626
46553CB00010B/2968
9798896707035